華志文化

華志文化

叫我們哲學第一班

周慶華 著

哲學令人畏懼，小說教人喜愛，將二者結合在一塊會發生什麼狀況？這有可能是哲學的嚴肅性被小說的趣味感強為淩越支裂，也有可能是哲學自我淡薄質地而反讓小說取徑酷異化，更有可能是小說和哲學雙失采邑以凡作收場。

本書就是基於人生欠缺哲學不得以及社會也不能沒有哲學來提供營造安頓的對策等前提而撰寫的。

所啟動的哲思遍及現實生活各領域，而場景的設定也儘量貼近你我所能意會的校園空間，讓學子在哲學啟蒙中成長的遐想帶領大家走一趟「哲思益生」的旅程。

書內容簡介

首創以小說體裁，將一個優質且有深度的哲學化人生，濃縮在小學校園某特定時段內搬演，全程哲學的嚴肅性不減，而小說的趣味感橫生。所有篇章，但見小說、哲學交相遞進，自成一完美結合形態，肯定老少咸宜。讀者一旦親近，既能解頤，又可益智，保證雙重享受。

作者簡介

周慶華，文學博士，曾任臺東大學語文教育研究所所長，現已退休。出版有《文學理論》、《文學經理學》、《走訪哲學後花園》、《文化治療》、《生態災難與靈療》、《語言文化學》、《後宗教學》、《死亡學》、《靈異學》、《解脫的智慧》、《酷品味：許一個有深度的哲學化人生》、《瀰來瀰去：跨域觀念小小說》等七十多種。

序

哲學令人畏懼，小說教人喜愛，將二者結合在一塊會發生什麼狀況？這有可能是哲學的嚴肅性被小說的趣味感強為凌越支裂，也有可能是哲學自我淡薄質地而反讓小說取徑酷異化，更有可能是小說和哲學雙失采邑以凡作收場。

坊間所見，如賈德(Jostein Gaarder)的系列小說《蘇菲的世界》、《紙牌的秘密》和《瑪雅》等，約略就是小說和哲學一併失格的典型例子，裏頭不但灌水太多而錯亂掉哲學的理路，連小說應有的可讀性也在單調情節的不斷重複中渙散。至於小說和哲學相互異化或一方棱哈一方的情況，也分別有米爾曼（Dan Millman）的《深夜加油站遇見蘇格拉底》和艾爾邦（Mitch Albom）的《最後14堂星期二的課》等可見一斑，它們也許能給小說添味或維持小說應有的格調，但對於主軸哲學卻因焦點化無方而難顯特色。

凡是要自我定位為哲學小說的，哲學優先一定是免不了的，其次才是應機經營小說的趣味。也就是說，它的哲學調性必須貫串全文，而又不失一般小說體裁所得遵守的律則，包括具備情節、人物、衝突和意外結局等成分（如是前衛派小說或後設小說，則又別有規範，在此暫且不計）。因此，以這點來衡量上面那些作品，自然無法給予較高的評價。而眼前既有前車可鑑，那我作為一名繼起者，就理當要另闢蹊徑，重塑哲學小說寫作的型範，初次成果便是大家手中這本書。

作品本身已有上述論點定格，自是不用多作剖白，但對於刻意擇取哲學作為小說的題材究竟何以必要一點，卻不能不勉為再絮叨一番，畢竟它攸關寫作一事的意義問題，不自我開例交代，就得勞動讀者漫為揣測，而這顯然不符哲學所要給人理義清晰印象的要求。換句話說，如是別種類型的小說，作者不應說破以保神秘性或留予讀者自由聯想的空間已成定則，但這對哲學小說來說反而會變成唯恐嚇壞人的新障礙，不如把它說清楚了，以防大家「不得其門而入」或「望之卻步」的悖亂心理發生。

關於這一點，無妨從哲學的強項後設（meta）思辨此一特殊愛智性格會讓人渾身不舒服的成見談起：倘若你說出一句含有愛字的話，旁人或許會質問你愛的意義；而只要你有所說的，他都可以再質問，以至有可能出現「愛↓喜好↓歡悅↓心動↓震悸↓驚怖恐懼……」等一大串沒完沒了的意符鏈接在相應對，這時你自己反身察看不瘋掉了才怪！事實上，這全是中了解構主義學家的圈套，向來人際互動根本不會這樣意指語言，相關的後設思辨毋須在這種節骨眼上使力。

沒錯，哲學從柏拉圖（Plato）在他的雅典學園門口大書「對幾何無知的人不可進入」開始，就令人很不自在了，馴致連數學家哥德爾（Kurt Gödel）都在說「哲學是一門傷人的學科」，但別忘了，還有「哲學教人如何長大」，不僅「吃麵包可以成為哲學家」，而且學哲學也「不需要一把鼻涕一把眼淚」這些分別由哲學家卡維爾（Stanley Cavell）、小說家巴爾札克（Honoré de Balzac）和思想家賈尼科（Dominique Janicand）等所掛保證說過的話，卻也言猶在耳，我們大可不必因為它會「咄咄逼人」而疏於去尋繹內裏的諸多好處。

本書就是基於人生欠缺哲學不得以及社會也不能沒有哲學來提供營造安頓的對策等前提而撰寫的。所啟動的哲思遍及現實生活各領域，而場景的設定也儘量貼近你我所能意會的校園空間，讓學子在哲學啟蒙中成長的遐想帶領大家走一趟「哲思益生」的旅程。

此外，另有一段發表出版的因緣也得述說一下：原先是投稿《國語日報》想洽商「文藝版」王秀蘭主編刊載於該版，由於相應性不足，她改推薦給「故事版」陳素真主編，幸獲陳主編品鑑首肯選篇登出，前後歷經三十次刊畢。如今連同其他尚未發表的篇章一起委由華志文化公司出版，全書終於有機會面世。萬分感謝幾位媒體先進的厚愛成全，這本書如有緜延的後續效應，功勞得歸他們。

周慶華

目　次

叫我們哲學第一班

1. 來了一幢大漢

鬧哄哄的教室突然安靜下來，大家一起把臉孔轉向講臺，訝異地看著眼前一個長得快跟黑板齊高的男子。

「我是你們新老師，」那男子露出潔白的牙齒說，「這學期你們可要有多一點心理準備，因為你們即將過的跟別人不一樣，就像窗外那棵樹葉子茂密得不斷招來蝴蝶和飛鳥，以及你們想不到的記憶。」

「什麼記憶！」座位中有人發出聲音。

高個子老師俯下身，盯著說話的人，猛地問道：

「你確定是自己在講話嗎？」

「不然？我沒有分身呀！」

大家發現那是阿西，紛紛笑開懷，正要給他一個鼓勵的眼神，立刻又傳來老師的質疑聲：

「你是沒有分身，但要請你先證明自己是存在的。」

不等阿西答話，老師又面對大家說：

「請每一個人告訴我，你憑什麼存在！」

這番話惹得大夥兒面面相覷，不知道怎麼應付，腦袋瓜晃來晃去，左右察看有沒有人先發難。終於出現一個反身就會感受到的便捷回覆模式：

「我坐在這裏。」

「我會思考。」

「我知道走哪一條路回家。」

正當大夥兒七嘴八舌「我我……」說個不停的時候，阿西倏地站起來，把他的名牌重重地往桌上一甩，說：

「這個證明我的存在！」

剎那間響起如雷掌聲，一堆羨慕的眼光都集中到他身上。老師也露出笑容，給了他大家共同期待的嘉許：

「很好，你懂得搬來發給你名牌的學校證明自己的存在。」

但話才剛離嘴，老師馬上又來一記回馬槍：

「只不過你還得幫學校證明它是怎麼存在的。」

「這我就辦不到了，」阿西拱了拱手，把問題推給大家：「看誰認識督學，請他來回答。」

大夥兒又是一陣笑鬧，忘了最初「什麼記憶」的發問，老師好像也沒打算退回去接續他自己帶出的話題。我只好在筆記簿寫下一段話：「今天來了一幢大漢，他自稱是我們的老師，還說了不少奇怪的話。」

2.他的名字叫哲學先生

隔天我最早進教室，取出筆記簿隨便畫插畫，在一棵樹和一棟房子中間加一個人，讓他的頭高出許多。

二毛進來瞄到畫和文字，記了去逢人就嚷「老師是一幢大漢」。聽見的人，也學他的口吻將那句話掛在嘴邊，最後連老師都知道了。

「為什麼這樣形容我？」老師走過來笑笑的問我。

「我找不出更恰當的計算單位。」我回答。

「你可以說彪形大漢或長腳男，」老師提議著，「一幢定調，容易讓別人誤以為我是會走動的房子。」

「但筆記簿不准我改它。」我說。

「有這麼神聖？」

「差不多。」

為了取得老師的諒解，我把藏了許久的一段秘密告訴他：那是因為我每回更改字句後晚上都會做噩夢，被筆記簿痛罵說我胡亂塗抹是輕浮小子，休想成為作家。

「沒關係，」老師安慰我，「文學家不允許的，哲學家可以包容。」

從文學家到哲學家，老師說話連跳了兩次，我越聽越迷糊，索性在筆記簿上加一條注：「大漢說他要改姓。」

果然老師在接下來的課堂，喜孜孜的宣布了他的構思：「忘掉我的本名，改叫我哲學先生。」

哲學先生說他是學哲學的，誤打誤撞跑來學校教書，哪一天不再哲學了就會走路。

「哲學是什麼東西？」四喜仰著臉問。

「別急，」哲學先生說，「太早解釋，可能嚇壞你們，不如先跟著我來一趟清理雜亂思緒的旅行。」

我們都想知道起點在哪裏，哲學先生說邊走邊找，找到什麼就是起點。

「現在我腦海裏出現的盡是漢堡和雞腿，也算起點嗎？」胖子推了推眼鏡說。

「不算，」哲學先生分析道，「只有你把它們吃了而不在意體重飊升才算。」

哲學先生一席話，引得大家笑彎了腰，只胖子一人嘟著嘴不湊熱鬧。

我們還想知道那雜亂思緒是怎麼產生的。哲學先生透著詭異的表情，嘿嘿了兩聲後說：

「哲學被你趕跑的那一刻，它們就出現了。」

我提筆再補上一段文字：「哲學先生愛賣關子，我們不是煮熟的鴨子，還欠著哲學。」

3.初次動動腦體驗

自從我的筆記簿曝光後，哲學先生就每天來探探，看有什麼新題材，好讓他帶進課堂給大家討論；還約定除非我同意，否則不會公布它的出處。這次他就把那句「我們不是煮熟的鴨子，還欠著哲學」抄在黑板上，並問大家懂不懂它的意思。

「很難，」九孔第一個發言，「我看連哲學也不知道它在說什麼！」

「且慢，」哲學先生糾正他，「你都還沒搞清楚哲學的來龍去脈，怎能那麼快就拿它當幌子在大作文章？」

「可是我們既非鴨子又非哲學，哪會知道它們的關連？」螺仔跳出來賣弄一下他剛從書上學來的兩端排除法。

「你說到重點了，」哲學先生邊點頭邊為大家釐清問題，「在鴨子和哲學中間還需要一個連結點，那句話才能理會。」

眼看著哲學先生就要把目光掃到我這裏，叫我起來「自己解決」，所以打了一個準備「先發制人」的主意。

「筆記簿先生，」不防他會這樣叫我，「你一定有話要說。」

「不敢，」我將問題拋了開去，「這裏除了哲學先生，我看沒有人了解那中間要加什麼句子。」

這回換哲學先生傷腦筋了，他一會兒敲額頭一會兒搥講桌，許久才說道：

「我們是否請哲學放過那隻鴨子；不然今天誰也走不出這間教室！」

哲學先生說完話，大家跟著鬆了一口氣。而我則趕緊在字句旁邊附帶寫著：「抱歉，我是靈機一動才這麼說，沒料到會引發一番風波！」

「雖是這樣，」哲學先生繼續開示，「我們終究也學會了一件事，就是說話時前後句要有邏輯關係。」

「什麼關係！」四喜的嘴巴像反光板，不等別人呼應就搶先把話彈射回去。

「邏輯關係。」哲學先生慎重的答道。

「不懂，」四喜偏著頭說，「從沒聽過。」

「哦，我忘了你們才初次接觸哲學，不知道邏輯是它的要件。」

為了讓我們明白他的話，哲學先生特地舉了一個例子，說要人稱自己為哲學先生，就得確實有哲學底子，不然便成了詐騙，而詐騙正是缺少邏輯的徵象。

我覺得越來越玄奇了，彷彿有許多名堂即將要冒出來圍困大家的學校生活，以至不自覺的闔上筆記簿，等著接下來正式的數學課。

4. 追加的課程

哲學先生說哲學是他奉送的點心，希望我們在享用學校課程這桌大餐的空隙，也能品味品味他的手藝。於是不論課前或課後，只要有可討論的材料，他就叫我們領教他組合的技巧，同時也要我們自己動手做幾樣給他嚐嚐。

今天國語課遇到不少新詞彙，哲學先生就順便挑出一個「因為……所以……」的句型，表演給我們看他做點心的功夫：

「如果有人批評你的吃相難看，你回應『因為我太餓了，所以才會狼吞虎嚥』，這就合邏輯規律而表明了內在的緣故；反過來你回應『因為我很悠閒，所以才會狼吞虎嚥』或『因為我沒錢，所以才會狼吞虎嚥』或『因為我本來就狼吞虎嚥，所以才會狼吞虎嚥』，這就犯了矛盾或不相干或循環論證為邏輯規律所不容許的毛病，而沒有說到什麼。」

就在這四個句子被寫上黑板而仍有人支著下巴疑惑不解的當口，哲學先生已經虛捧了一盤蛋糕出來，示意我們吃吃看。

「滿意嗎？」哲學先生問。

「我們想做其他點心。」牛心擅自代大家答話。

「你這是不相干的回應！」

哲學先生才說出口，大家就會意而大笑了起來。不過，他還是有耐心的請我們各憑本事試試別種點心的作法。十分鐘後，成果出來了：有人把在街坊鄰居聽到的互罵詞如「我先進，你偏激，他極端」拿來比較，說他們很會給語言加顏色；有人將書上看來的「我堅持，你固執，他愚頑」一類用語加以評點，說他藉去跟人辯論贏過不少回；有人從舞臺劇演員喃喃自語「我瘋了，你更瘋了，他超級瘋了」的說辭中玩味了無數次，說他終於知道一個人為什麼會變得不正常。

「顯然你們對語詞特別感興趣，」哲學先生頓了頓說，「只是不曉得那些點心要怎麼稱呼！」

大夥兒偏頭注視著提出高見的三個人，暗示他們功德得做圓滿。對方俏皮耍了一會，似乎頗有信心要等著接收這最後的掌聲，所以就依序朗正的唱起名來。

「我的是聖代。」牛心說。

「我的是脆皮雪糕。」螺仔說。

「我的是綠豆算。」冬瓜說。

他們果真贏得了滿堂彩，喊叫聲此起彼落，連哲學先生都笑到肩膀歪了一邊，差點扶不起來。我的筆記簿這一頁要空白，哪天我也做出小點心，才有地方填寫。

5. 教室多出的風景

「邏輯是組成哲學的要件，不能有漏洞，就像……」哲學先生正在開講，忽然瞥見小魚對著他猛搖手制止。經過詢問，她才說又要暈眩了，因為前幾天她請教姊姊邏輯是什麼，被痛K了好幾下，現在一聽到邏輯頭就不由自主的晃動起來。

「所以請別再長篇大論了！」她哀求著。

「不行，」哲學先生挺堅持，「你的頭痛只有邏輯才能醫治，一定得聽我談完。」

小魚沒再反對，哲學先生就繼續講說前面的話題。「邏輯就像……」哲學先生突然停住，轉頭反問小魚：「你數過鈔票嗎？」

小魚點點頭。哲學先生就再問她是一張張數還是跳著數，小魚表示是一張張數。

「那就對了，」哲學先生說，「數鈔票不能跳著數，怕會有遺漏；同樣的，邏輯也不能有斷裂，怕會影響語意的傳達。正如你剛才話中的意思：請教姊姊邏輯被K頭，被K過的頭再聽到邏輯就想抓狂，這前言後語互不搭軋，一點邏輯也沒有！

懂了嗎？」

小魚再次點點頭，隨即臉上綻放難得的笑容。二毛看到後，壓低嗓門說了一句「鈔票治病真管用」，旁邊的人接連翻他白眼。

哲學先生就這樣順勢將邏輯比喻成數鈔票而結束他的講說。

課間活動鐘聲響起，大家並沒有散去，因為都在等著觀賞蜈蚣的傑作，他已完成躲避球賽的連環畫，並且獲准將在布告欄展出。

哲學先生也擠進人潮中。他領了領首後，指著一張張球場廝殺圖問道：

「這跟邏輯有什麼關係？」

蜈蚣畫這一系列圖畫，據說是上次大夥兒爭做邏輯點心給他的刺激太大，所以也想使一下他的看家本領。

「你看，」蜈蚣說，「裏頭都有一個傳傳傳碰（出局）、傳傳傳碰（出局）的規律，誰要是違反了它，就會變成破壞球賽節奏的元兇！」

「你的意思是那就不美了？」

對於哲學先生會意式的問話，蜈蚣嗯了一聲，等於給他一個酷回答。

「如果是一傳就碰或四五傳才碰，又是什麼邏輯？」黑面插進來講話。

「那被碰的人是烏龜（跑太慢），碰人的人是臘腸狗（既矮又沒力）！」捲毛搶著代答！

大家被他倆的對話逗得樂不可支！而我自己最想把今天教室多出的風景搬入筆記簿，那是我個人的私密邏輯。

6. 看家本領

大姊大遇到邏輯難題了。這是昨天放學前盛傳開來的，大家猜想今天鐵定會跑進哲學先生耳朵裏。

據看見整件事發生經過的人描述：整潔活動時間瘦猴偷跑去別處玩，被組長大姊大逮個正著，命令他返回打掃，卻被對方一句「給個邏輯理由」難住了；只要她說出口的，都被瘦猴以「這循環論證」、「這不相干」、「這矛盾」等反邏輯給駁倒，讓她氣到七竅冒煙。

「結果？」有人迫不及待的追問。

「大姊大只好採用非邏輯的方式解決：像老鷹抓小雞那樣把瘦猴帶到外掃區。」

難怪今天一早瘦猴逢人就展示他脖子上的「爪痕」，還不時流露著得意的笑容，好像要告訴人他用文明戰勝了野蠻。

哲學先生一踏進教室，立刻嗅出氣氛有點不尋常，就以有備無患的姿態問道：

「誰用邏輯為難人了？」

但見大姊大一邊揎拳頭一邊悻悻地拋來昨天的難題，請哲學先生解答為何會犯矛盾、不相干和循環論證等毛病，還有那些毛病本身又是什麼東西，她想搞清楚，不要再被人家看扁。

「你先說他怎麼為難你？」哲學先生挑起話題。

「我說你逃避責任，他說以前已盡過責任；我說你偷懶，他說現在玩得正起勁；我說回去打掃，他說你自己怎麼還在這裏，然後就搬出課堂上出現過的那些名堂，一口咬定我在循環論證、不相干和自相矛盾。」大姊大越說越氣。

哲學先生聽著聽著不覺笑了起來，他似乎已經知道問題的癥結，所以很快就作出下列的論斷：

「在同一個人身上才會發生矛盾、不相干和循環論證那些現象，他跟你不能這樣捉對湊數。」

「那表示他矇我了！」大姊大說著臉上閃過一絲惡狠狠的眼神。

「不盡然是這樣，」哲學先生委婉地解釋，「他可能也沒把握那些語詞的用法。」

經哲學先生這麼一說，大家轉過去覷著瘦猴，只見他羞慚地低下頭，彷彿已在默認自己濫用邏輯的不當。

為了把那些違反邏輯規律的病症更加凸顯出來，哲學先生又設想了一個狀況：如果有人問你吃過中飯了沒有，你一會說有一會說沒有，或說你才在做夢，或說你還想吃中飯，這都不曾給過對方想知道的答案，自然要被人家掃地出門了。

其實，那個循環論證才是關鍵，我沒弄明白，我相信大姊大也還有困惑，只好先在筆記簿記著：「請給個邏輯理由，我教你看家本領。」

7. 等你給出一個三段論式

察看過我的筆記簿後，哲學先生在黑板上寫出「循環論證」四個大字，並問大家有誰不懂它的意思。全班都舉了手，哲學先生只得從新解說一次。

「還是以吃飯為例，」哲學先生說著咂咂了嘴，「倘若你問別人為什麼想吃飯，對方回答你說他肚子餓；你再問他為什麼會肚子餓，這時他如果回答你說有生理需求就不是循環論證，如果回答你說他想吃飯就是循環論證，因為這裏面出現了前提和結論相互解釋的現象，形同沒有說什麼。」

正當大家還在咀嚼哲學先生的析理時，反應超快的四喜已經再度迸出他那直覺式的問題：

「前提又是什麼？還有老說到吃飯，可不可以換點新鮮的話題。」

「自古英雄皆飯桶，」哲學先生謅了一句文言文，「能吃飯才當得了英雄，難道你們不想成為英雄麼？」

「但也不必每次都吃一桶飯呀！」

四喜在那邊雞同鴨講，看得其他人都想憑空噴飯。最後還得勞哲學先生來清理思緒：

「不跟你鬥嘴鼓！就說你提的問題還是用吃飯作素材比較方便。」

四兩撥千斤！薑仍然是老的辣，沒幾下四喜的氣燄就被壓到底，只得乖乖的聽哲學先生闡述：

「引出結論或支持結論的那句話，就叫做前提；而前提還有大小的區分。例如：能吃飯的人才當得了英雄，你們都能吃飯，所以你們也當得了英雄。第一句叫大前提，第二句叫小前提，第三句叫結論。明白了嗎？」

哲學先生談到這裏，田雞忽地站起來，說他可以配合動作把這個道理演繹一遍。

「只要用功讀書就會有好成績，我用功讀書，所以我會有好成績。」他說完拿出一本書裝模作樣的翻閱著，然後騰出一隻手在頭上虛畫滿分的圖案。

「好極了！」哲學先生給他鼓鼓掌，「這就是推演式邏輯最基本的形式，簡稱三段論式。凡是結論，都要像這樣從前提推演出來，中間不能有斷裂。」

此刻已有兩個人公開在互相比劃較量：

「借錢還錢，你跟我借錢，你要還錢。」

「偷吃便當不要臉，你偷吃我便當，你不要臉。」

他們是山豬和膨風，無端惹得大家哈哈大笑。我的筆記簿也多出了一條：「想看免費私事的人，我在等你給出一個三段論式的邏輯理由。」

8. 麻煩還在邏輯後面

午休前，哲學先生塞給我一張紙條，上面有一行字：「看跟公眾有關的事，不同於私事，毋須付錢。我看跟公眾有關的事，不同於私事。所以我毋須付錢。」

閱畢，我給哲學先生點頭加微笑，暗示他「只准許你一人有這個特權。」

從此三段論式就像口頭禪一樣，每天在教室內外流竄，熱鬧得有如廟會。尤其是胖子、冬瓜和牛心三人，經常聚在一塊玩到天昏地暗：

「放屁沒水準，你放屁，你沒水準。」

「長得圓滾滾的人愛睡懶覺，你長得圓滾滾，你愛睡懶覺。」

「脾氣暴躁會失去朋友，你脾氣暴躁，你會失去朋友。」

他們乾脆省略因為、所以那些語詞，以便比賽誰一次說最多事例。

靜靜旁觀許久的阿海，說他也有興趣軋一腳，請求哲學先生讓他當眾演演看：

「人有三隻腳，老莫是人，所以老莫有三隻腳。」

他才發表完，馬上有人給他吐槽：

「你這說的是多了一支枴杖的人，不算數！」

阿海急了，還想分辨什麼，哲學先生已經先介入在打圓場：「他說的沒錯，假的前提也能推演出假的結論，只是我們可以不認同該前提。」

「是不是邏輯只用在推論上而管不著前提的真假？」說話的人是燕子。

「對，」哲學先生語氣很篤定，「邏輯所要保障的僅僅是言說的理序，其他事項由別的學科去處理。」

「那我們強辯了老半天，不就高興得太早了？」胖子那一掛大概在遺憾光靠邏輯還不一定贏得了別人。

有一次，小金遲進教室，一問才知道他被導護老師攔去撿紙屑，他脫口而出「請給個邏輯理由或三段論式」，不意對方愣在原地不知所措。他只好耐著性子把走廊的紙屑撿乾淨，因為不忍心看到對方可憐兮兮的樣子。

「慘了，」螺仔大叫一聲，「我們會有撿不完的紙屑！」

大家猛問「何以見得」，他分析說：

「導護老師一定會藉機接近我們，看我們在玩什麼把戲，順便要大夥兒去操場多撿幾張紙屑。」

「呿，你太多慮了！」

不等大家吵完，我已經在筆記簿寫下「煩惱也是因你邏輯而引起」這句話。

9.有故事就安心

知識增加，煩惱也會隨著變多。不曉得有沒有人這樣說過，但就我們的情況來看，顯然是有幾分真實的。然而，哲學先生卻告訴我們另一個道理：你不儲備知識，沒有解決問題的能力，煩惱將會更多，甚至還得勞動別人來為你分擔煩惱。

「不會啊，」二毛唱起反調，「你看我懂的很少，還不是照樣吃飯、穿衣、打電動，完全沒感覺有什麼困難！」

「是沒什麼困難，」哲學先生抽了他一條筋，「因為你現在的人生是你父母幫你打點的，你只須茶來伸手飯來張口就行了。」

「還有你打電動也要花錢，」九孔再補他一刀，「你的電腦手機是免費的嗎？」

「就算你率性耍賴，」山豬更狠射他一箭，「也得有我們包容你呀！」

二毛就在大家你一言我一語嘲弄中，頭越縮越低，都快塞進領子裏去了。

哲學先生今天說了這麼一個故事：古代有個男子，中年失憶，家人為他遍尋名醫都無法治癒。最後來了一個人，宣稱有秘方，並且有效才收酬金。他的辦法是先把失憶男子關在空房，不給任何東西。漸漸地，男子感覺餓了，想討食物吃；感覺寒冷，想要衣服穿，結果什麼事情都記得了。他恢復記憶後反而大為光火：「以前失憶，我無憂無慮；現在恢復記憶，卻苦不堪言！」

故事中的男子先前失憶那一段，並不像他自己所說的那般快活，因為都是家人在承擔他的一切，不能說家人代替他煩惱不算數。所以哲學先生下了一個結論：不要以為無知無識就沒事，麻煩還會在後頭，包括你無法適應錯綜複雜的現實環境。

「那想太多而有知有識會不會有風險？」燕子好像想起什麼似的問道，「我就聽大人說過，有位哲學家在想一道神學上的問題『上帝能不能造一顆祂自己搬不動的石頭』，而從橋上失足落水溺斃……」

「上帝又是誰，祂怎麼老愛折磨哲學家？」四喜又在任意打斷人家說話。

「Oh, My god!」胖子附和著，「老外踩到狗屎都會講這句話，可見上帝也喜歡看白人出糗！」

兩位無厘頭的逗趣，惹得哲學先生笑岔了氣，久久才穩定情緒說道：

「出狀況往往是想太少而不是想太多；再說溺斃一名哲學

家而留下一個有意思的故事，也沒遺憾了。」

哲學先生又啟動了我的靈感，不由得在筆記簿上大書特書：「是啊，我們也在創造故事，怕什麼！」

10. 未了情

哲學先生看我們興趣盎然，再加碼透露一個讓很多人頭痛不已的「邏輯陷阱」。

「什麼陷阱？」

大家以為嘴快的人又是四喜，回頭一看才知道是黑面。

「怎麼，你連獵人設陷阱都沒看過？」這次換四喜跩起來要消遣人了。

「我的意思是邏輯怎麼會有陷阱……」黑面支吾著把話說近一點。

哲學先生清了清喉嚨，繼續說：

「我們就以前面提過的『自古英雄皆飯桶』作例子，有人會質疑大前提『能吃飯的人才當得了英雄』是否真的這樣；假如你再申辯說『還沒有看過一個英雄不能吃飯的』，仍然會被質疑『憑什麼你都看過了』。不論你再怎麼解釋，都可能遭到別人依照這種方式質疑下去，直到你詞窮豎白旗投降為止。」

「那可好啦！」山豬嚷了起來，「我要膨風『借錢還錢』，經他這麼一逼問，他就不用還錢了！」

「我也是，」膨風跟著著急，「罵山豬『偷吃便當不要臉』，如果他反問，是不是就得把臉還給他？」

聽到這裏，全班一片騷動。造過例子的人，更是心焦，以為先前的得意，全是自我闇昧下的「劣質品」，這要怎麼說才好！

哲學先生安慰著大家，「像這種被稱作『理論無限後退』的現象，其實也沒那麼可怕，只要你勇於在關鍵處截斷就行了。」

「這麼說，我們並沒有破功！」冬瓜急著搶頭彩慶祝。

也許大家心中的石頭已經落下，哲學先生看準了將那截斷的訣竅如數帶出，而不必再顧慮有人會「承受不住」。他的說法是，當你後退一、二次發現再解釋下去會沒完沒了時，就可以告訴對方「我們暫且到這裏，信不信由你」，這樣仍舊保有自己言說的權利，也不致全然失去溝通的功能。這麼一來，該陷阱就自動撤銷了。

「正點！」牛心像發現新大陸般的喊出聲，「我看過一則故事，說古印度人對陌生人解釋：整個世界是由一頭大象支撐著，大象又是由一隻巨龜支撐著。如果對方問巨龜又是由什麼來支撐？他會回答說：『讓我們換個話題吧！』這不就是截斷法的運用麼！」

「你說的好像是兩碼事耶！」

「不，他是歪打正著。」

「還有更好的例子嗎？」

當大家還在議論紛紛時，我的筆記簿已經出現了「事情恐怕尚未完了」幾個大字。

11. 真的餘音嫋嫋

果然被我猜中了，一個邏輯陷阱已經讓大家臉上堆滿了疑問，而哲學先生卻還在挖空心思叫我們跟上去。

「其實，邏輯不只前面說的那些……」

哲學先生還沒講完，早就有幾張面孔在等著給他萬般難看的表情，他們分別是大姊大、小魚、四喜和小玲等。

「怎麼啦，」四喜搶在前頭發飈，「邏輯的難兄難弟哪這麼多！」

「很煩人吔，」很少說話的小玲也進來附和著，「可不可以請他們離遠一點！」

小魚嘟著嘴，大姊大兩手插腰，彷彿在暗示人她們一點興趣也沒有。哲學先生看在眼裏，不覺噗哧一笑，說：

「想趕跑邏輯，可沒那麼容易；它們隨時隨地都會出現在大家的眼皮下，讓你驚奇……」

「應該說是討厭吧！」他們幾個一起回嘴。

哲學先生沒理會他們的反應，逕自再提及一個推演式邏輯的孿生兄弟：歸結式邏輯。

「比如說，有人發現天鵝A是白的、天鵝B是白的和天鵝

C是白的後，就歸納出所有天鵝都是白的一個結論。」哲學先生說著，眼神掃過那幾位，提醒他們：「你們在自然科學課所學到的知識，幾乎都是這樣來的。」

眾人不約而同的「哦」了一聲，算是在諒解哲學先生的用心。不過，哲學先生似乎還不想罷手，他又接著說道：

「推演式邏輯和歸結式邏輯，合稱為形式邏輯；此外還有符號邏輯和數理邏輯……」

「什麼！」四喜從座位上彈了起來，「那又是誰弄出來的，怎麼不先通知我們？」

大家並沒有受到他那怪異論調的影響，只專注在哲學先生身上，等著他再講下去。

「你們所學的數學算式如一加一等於二和物理學公式如能量等於質量乘以光速的平方，這些都是數理邏輯；而有人用P代表你去、用Q代表我去來寫成『(P∨~P)→Q』這樣的句式，意思是『不論你去或不去，我都去』，該句式就是符號邏輯。」

「我的媽呀！」胖子也在座位上抖動著，「真的會嚇死人，如果我搞得懂這些，太陽就要從西邊出來啦！」

「你這是什麼邏輯！」阿西在挖苦他。

「反邏輯！」牛心代為回答。

後面這席話，又從新逗樂了大家，教室內迴盪著一片笑聲。

「邏輯真的是餘音嫋嫋啊！」我不禁在筆記簿添上這句話。

12. 我們也有話要說

邏輯給不喜歡動腦的人帶來不少困擾，經常一副緊張兮兮的樣子，連晚上睡覺都會頻頻做噩夢，害得家長一度懷疑是否要送去請人收驚。

今天這個問題被帶進課堂討論。哲學先生還沒提示具體的方向，冬瓜就已經在那裏大發議論：

「收什麼驚，哲學先生就是最好的驅魔師，像上次小魚……」

他正要說上次小魚被哲學先生治好邏輯病，但一看小魚羞怯的低垂著頭，突地又打住了。

「沒關係，」小魚緩緩抬起頭來說，「這次要去收驚的人不是我，現在我可以算是免疫一半了。」

「那又是誰？」山豬不顧大家的白眼搶著問道。

這自然沒有人會回應。哲學先生也刻意避開去，只說了一句安慰性的話：

「學哲學會讓你更有勇氣過好每一天的生活，不必在意一時的挫折！」

他還要我們多體察邏輯的奧妙和訣竅，往哲學路走去才能時時遇到幽美的風景。

後半我們不太懂，但知道那是句好話，所以就沒再進一步追究。只是正當哲學先生以「多想哲學的好處來克服對哲學的恐懼」這一方式鼓舞大家時，仍然有人試圖在抗拒反彈。

「我又沒有變瘦！」胖子埋怨道。

「我的頭髮還是長不出來！」二毛氣呼呼的說。

「我也無法改善自己的腳程！」九孔說著露出幾許哀怨的神情。

他們都像是早有準備，不把哲學全然否定掉不罷休。哲學先生一邊聽他們發牢騷，一邊娓娓道出哲學的強項：

「當然，哲學不可能變成減肥藥或增髮劑或跑步機，但它卻可以讓你更有信心做自己。」

經哲學先生這麼一說，牛心忽然若有所悟的呼應道：

「這是不是說胖子他們太愛面子，而忘了哲學能夠反向促使他們認真做一個人。」

哲學先生才要點頭表示同意，山豬就先兀自說起話來：

「意思是叫胖子別管體重，二毛頂上光禿無妨，九孔任它移動緩慢。」

山豬怪怪的用詞，聽得大家有點霧茫茫！只見哲學先生給了他一個讚賞的眼神，讓他扳回不少先前丟失的顏面。

我的筆記簿也有話要說：「哲學不能烘麵包，但會使麵包增加甜味。」它自己註記：「這是從一本哲學書上看來的。」

13.又見新風景

幾次哲學課下來，教室逐漸多出一些往日不曾見過的東西：一本本比誰都厚重的哲學書。

「你們這樣像是在拚場，」哲學先生半開玩笑的說，「我自己在大學唸書時也不可能做這種事。」

哲學先生的意思是，那些書只適合留在家裏細讀，帶去學校顯不出什麼作用；但現在卻看到了這一反常的景象，直讓他覺得不可思議！

「拚場？」阿西偏著頭想反駁，「這些書大概不會同意！」

「是呀，」螺仔跟著湊上一句，「它們一定想像不到這有什麼好炫耀的！」

事實上，大家好不容易才借到手，不讓它們露臉，不就等於白費了一番工夫。

「有道理，」哲學先生收斂起剛才的輕慢態度，「我只不過有點好奇你們携帶那麼多書是要做什麼！」

「請你解答呀，」二毛代大家說出了心裏話，「我們完全讀不懂裏頭的字句。」

衝著二毛這句話，哲學先生步下講臺，過來仔細端詳各人桌上擺放的書。

「《打開哲學家的大門》、《哲學健身館》、《聰明人的哲學指南》……」哲學先生翻著燕子借來的書說，「很好，這些書對釐清混亂思緒大有幫助。」

「《哲學的動物們，出列！》、《烏龜哲學》、《老鼠哲學》、《狐狸哲學》……」捲毛桌上的書讓哲學先生眼睛一亮，不自覺的喊了出來：「這些書是哪來的？」

「我爸爸的書架。」捲毛回答。

「你爸爸是做什麼的？」

「開寵物店。」

「難怪有那麼多動物需要哲學！」

哲學先生最後這句話「無理而妙」，當場引起哄堂大笑。而尚未完了的，還有我面前這本《老人哲學》。

「什麼，你現在就看這種書！」哲學先生驚訝的瞅著我說。

「隔壁一位老伯伯借我的。」我辯解著，「他說儘早看，我就不會老的那麼快！」

「他是倚老賣老。」膨風插進來說。

「你上了老人的當。」黑面補上一句。

我沒多說什麼，只感覺跟這本書黏在一塊，我也快要變得無理而妙了。

33 叫我們哲學第一班

其他人桌上還擺著《哲學家的工具箱》、《哲學大冒險》、《通往哲學的後門階梯》……等等，哲學先生一一巡視過去，並且給了個慧黠的微笑，似乎在告訴大家：這些書足夠你們讀到鬍子花白了！

哲學先生沒有詳述他的觀感，但我知道他一定會很欣慰大家已經成了哲學迷，正在更新教室的風景。我的筆記簿可得好好為它加料繪滿一整頁，因為這次我自己也是裏面的重要角色。

14. 語詞大戰

大夥方從邏輯的泥坑爬出來，哲學先生又準備把我們推向知識認定的漩渦，他說這次鐵定叫大家吃一顆特大號的震撼彈。

向來嘴快的四喜，在第一時間並沒有迸出「震撼彈是什麼」一類的話語，反而問了一個讓人很感意外的問題：

「我們可不可以閃躲？」

想必他早已看過《教育班長》系列影片，知道震撼彈是怎麼回事，如今腦海裏只剩片中班兵想偷雞逃離現場的鏡頭。

「閃躲不了，」哲學先生鄭重的發出警告，「因為你們所接觸的東西沒有一樣不涉及知識的認定，如果不多花心思在這上面，學習很快就會泡沫化。」

當我們還想追問「泡沫化」是什麼意思時，哲學先生已經在黑板寫上「飯桶」兩個大字，並且要大家回答它指的是什麼。

「不就裝飯的桶子嘛！」冬瓜搶著說。

「不對，」山豬糾正他，「先前哲學先生說『自古英雄皆飯桶』，可見它是在比喻人的飯量大。」

「或許是一句罵人話，」牛心加入戰局，「就像這樣『你什麼都不會，真是飯桶啊』！」

他們三人就這般唇槍舌劍鬥起來，讓在一旁觀戰的哲學先生領首笑了好幾回，許久才說：

「任何語詞很難有固定的意義，我們想籍它們來指稱事物而構成某種知識時，就得有條件予以限制。」

「那是不是說語詞是被設定的，」螺仔也開了口，「我們無法想像它會有客觀的意義。」

哲學先生正要點頭同意他的說法，底下已有兩個人撇嘴在咕噥著：

「客觀什麼嘛！」先說話的是二毛。

「你們講話能不能淺白一點！」後說話的是九孔。

這時大姊大突然重拍一下桌面，隨即大吼一聲，叫他們不要隨便插嘴。

「那請你告訴我『插嘴』是什麼意思？」二毛不客氣的反激她。

「你相不相信待會我會用拳頭解答你的問題。」大姊大的火氣也升上來了。

對方看情勢不對，立刻掛出免戰牌，一場紛爭才暫告平息。至於在講臺上看呆了這一幕的哲學先生，等硝煙稍微散去，才低緩的說：

「好樣的，孺子可教也！」

我猜有人又要覺得那是哲學先生的新啞謎，所以忍不住也在筆記簿上謅了一句：「語詞大戰方休，另一場真理爭執烽煙恐將再起！」

15. 純粹概念出列

我才使用剛在哲學書看到的「真理」一詞，就被哲學先生敏感的察覺了。今天一早他再次預告，要讓我們了解語詞的真正作用。

「這跟真理有關。」哲學先生說，「語詞作為構成知識的基本單位，我們想判定它最常用到的標準就是真理。」

「你是說真理等同於知識？」燕子問道。

「不完全是，」哲學先生答著，「它只在過程上被知識涵蓋。但即使是這樣，至今也還沒有人懂得把語詞跟真理連在一起。」

「為什麼大家這麼笨！」胖子又進來插話。

「不是笨，而是語詞本身看起來就不像有真假可說，所以知識的真理性判定才不被認為從這裏開始。」

我們半信半疑，還等著哲學先生舉例說明。他做了：

「比如說『人』，它就實在的指涉我們這些存在物，一點也不假。反過來你說『空人』，這就沒得指涉而顯得不真。」

「我知道了，」這回換成四喜在插話，「語詞有真假，真的假不了，假的真不了。」

「你滿嘴胡言亂語！」冬瓜狠狠對他嗆聲。

眼看場面又要失控，哲學先生趕緊將話題搶回，轉教我們分辨實際有指稱功能且可為知識奠定基礎的概念。他先發問：

「誰能告訴我概念是什麼？」

「概念不就是概略唸一唸。」瘦猴煞有介事的說。

「聽你在放屁！」膨風給他吐槽。

大家以為瘦猴這下子應該沒戲唱了，不意哲學先生卻反向替他辯護：

「有人將概念界定為概括同類事物的特性，所以說『概略唸一唸』也沒什麼不對。」

瘦猴聽見哲學先生在讚美他，驀地挺起胸膛露出一款「唯我獨尊」的得意表情。

「你這是瞎貓碰到死耗子！」膨風仍舊不放過他，「請你概略唸一唸給我看，唸得出來我就服你。」

膨風找碴起勁，迫得哲學先生不得不轉移焦點，說了一句讓人摸不著頭緒的話：

「放逐概念，你就什麼也不是！」

不知道這有沒有消解膨風強碰別人意見的欲念，我的心卻先被堵住了。我參不透那句話，也不便細問，只好在筆記簿上畫了一個大問號，並附註：「是或不是，我都不會讓你概念跑掉！」

16. 意外插曲

第三節課的鐘聲才響過，就有幼童軍來通報說，胖子跟人家打架，被留置在學務處悔過。哲學先生正要派班長去了解實況，胖子已經甩著一團肉晃了進來。他的額頭還布滿汗漬，上衣也汙穢了一大塊，很明顯是剛經歷過一場激烈的戰鬥。

「說來聽聽，」哲學先生問胖子，「究竟發生了什麼事？」

胖子把在操場玩球不意砸中一名路過的男生而遭到對方尋釁的情節，說了一遍。此後就是他被扭去學務處聽訓，並且寫下悔過書，才獲准返回教室。大家不等哲學先生講評，就乘機先問他悔過書裏面說了什麼。

「我說……」胖子吞吞吐吐的，「我的球砸到他是無心，他跑來K我是有意，我將他過肩摔受傷算他倒楣，他唉唉叫想博得別人同情很沒骨氣，如果這是我的錯，那我下次一定改進。」

「還有下次啊！」大夥齊聲呵斥他。

「是呀，」胖子說，「主任也是這樣罵我：是不是這次你沒把他摔到無力慘叫不甘願，還下次呢！」

我們終於明白他狼狽加三級的原因了。可見語詞要用得恰當，否則下次也許就會輪到你犯錯而被人恥笑。

「但有一點我不苟同，」胖子又追加了一段話，「主任接著數落我說：你們不是在學哲學嗎，怎會不知道『下次』的用法！這好像要暗諷哲學先生沒教好，事實上是我自己太大意……」

原來學務主任也風聞我們班的事，這下可要特別當心了。不過，對於胖子這最後的懺悔，大家一致認為那是真情的流露，所以就不再調侃他了。至於哲學先生，看著我們連臺嘻鬧有序，大概也無從講評起了。果真他只道出這一句：

「既然你們都能夠自行收拾殘局了，不妨就讓一切過誤隨風而去，別再惦記著。」

縱然如此，哲學先生還是抓緊時機督促我們判別實際具有指稱事物作用的語詞，也就是概念。

「凡是屬於名詞性的語詞都可以是概念，」哲學先生說，「就像已經出現過的飯桶、人和悔過書等，就全是名詞，也都可以是概念，很方便直接用來指稱事物。」

「概念有歧義怎麼辦？」有人問道。

「那就把它們界定妥當。」哲學先生回答。

真理、名詞、概念……一堆詞彙爭相出籠，恐怕又要嚇著大家。我的筆記簿還沒想到怎樣容納它們，顯然得再讓它自己空白一次。

17. 拚場後遺症

國語課程逐漸在介紹詞性，計有名詞、動詞、副詞、形容詞、代名詞、介詞、助詞……等等。我們就跟哲學先生商量，請他將名詞轉成概念的過程講清楚一點，避免以後溝通時大家各說各話或牛頭不對馬嘴。

哲學先生說他早就有準備了；尤其是前幾次看到大家一知半解的樣子，深感再不快點把它定案，後續的討論就得大打迷糊仗了。

「那就從分辨詞性開始，」哲學先生話才出口，就自己踩煞車：「來，我先聽你們怎麼說。」

大夥得到哲學先生的授意，頃刻間都壯起了膽子，紛紛比照瘦猴模式，將自己所猜得的盡情誦唸：

「名詞是有名字的詞。」

「動詞是會動的詞。」

「副詞是老二管的詞。」

「形容詞是形體加容貌的詞。」

有人還想說下去，但被哲學先生止住了。

「停停，」哲學先生代大家著急起來，「你們這樣瞎掰，哪能解決問題啊！」

「為什麼瘦猴可以，我們就不行？」四喜帶頭抗議。

「二者不同，」哲學先生剖析道，「他是無心插柳柳成蔭，你們是有心栽花花不開！」

「不懂！」二毛在一旁給反對方添加柴火，「柳不如花香，花不開還是可以想像它的香氣。」

就在哲學先生猶豫著要怎麼因應時，阿西已經擺出想走人的模樣，嘴裏還一逕的嘀咕著：

「再辯，你們再辯，大家都要一起掉進雲海中去了！」

沒料到事情會演變到這個地步！哲學先生大概也在懊惱他的哲學祕笈突然失靈，只好雙手抱著頭努力在想解方。

「有啦！」冬瓜大叫出聲把眾人嚇了一跳，「我想到辦法了：終止討論。這樣雙方就不必再相互賭氣了。」

「呿，」牛心作勢啐了一口，「這大家早就知道了，還要你想！」

就在冬瓜調停計策出爐的剎那，哲學先生鬆開雙手面露微笑的看著我們，並且悠悠的說道：

「你們認真的態度著實感動了我！我不應該急著把問題複雜化。詞性一事，其實是小 case，兩三下大家就會弄明白了。」

哲學先生改換一個講法，說我們只要專注具關鍵性的名詞就行了。我的筆記簿陪他加注：「該『轉換過程』瞬間胎死腹中，都是你『拚場後遺症』搞的鬼啊！」

18.存在就是這麼一回事

「概念是哲學需要它來指稱事物時所選取的名詞。」

隔天一早，我們就看見黑板上留著哲學先生預先寫好的這句話。等哲學先生進教室後，阿海大概料想他會期待有人附和，所以就將自己的理解提出來求證：

「這是不是說概念一定是名詞，而名詞不一定是概念。」

「有見地！」哲學先生給阿海一個深深的讚美，「名詞沒有被選為專門指稱事物以前，不叫概念。好比人和腳，它們跟其他語詞如狗、貓、尾巴等並列，或者不知所向的被連結成『人在腳走』這樣的形式時，就僅是個名詞；只有當他們被選中轉為構作出『人有兩隻腳』或『腳是人活著最大的支柱』一類的句子後，才有所指稱事物而一併進入哲學內擔任概念的角色。」

「我懂了！」山豬說著屁股彈高了兩吋，「概念是在特殊情況下才會出現。」

「你這不是廢話！」黑面在跟他唱對臺戲。

「何況你自己也不知道特殊情況是什麼！」九孔也扯走他一條腿。

山豬又勉強辯了兩回，但都挫敗失焦，哲學先生只好出面拉他一把：

「所謂特殊情況，嚴格的說就是事物即將存在前的狀態。平常我們不知道事物是怎麼存在的，只有在受到概念的指稱後，我們才會開始意識而逐漸確定它的樣貌。」

「我們自己的存在也是這樣嗎？」小金緊接著發問。

「差不多。」哲學先生答道，「不過，實際的存在還得等命題成立後才能判斷。」

「嘎，怎麼又有個命題！」牛心插播差點將舌頭噴了出去。

「命題是接下來我們要討論的重點對象。」哲學先生暗中幫他把舌頭塞回嘴裏。

「你們煩不煩哪！」小玲在旁邊哀嘆著。

「我不存在了可不可以！」小魚也跳出來拿無可奈何的眼神掃視大家。

事情越來越有趣了。我的筆記簿說它要全都錄，因為它思考了許久「存在就是這麼一回事」終於要得到證實了，所有的雜音都閃一邊去，別來妨礙它的存在。

19. 我們要的存在

名詞代表事物，概念也代表事物，差別只在後者變成命題的成分後才被另外稱呼。我也想通了這個道理，但還不敢公然發表。倒是哲學先生猜著了我的心思，當數學課進行到尾聲時，即刻拋出「命題怎麼使事物存在」這一進階版的問題。

「都還不知道命題是什麼東西，」冬瓜帶著嘴刀衝出來了，「就叫我們想它的存在，會消化不良吔！」

「事物怎麼要等命題出現才能存在，也很費解哩！」牛心給他助陣。

「概念到底把命題怎樣了，為什麼沒人吭聲？」膨風也跟著在搖旗吶喊。

他們有如盲人三劍客朝虛空劈了又劈，卻沒發覺一點絲絮飄落下來，自己感到無趣而速速收手不再砍殺了。但哲學先生好像聽出裏面有點玄機，就從新整合他們的講法而說了這一段話：

「命題是為了陳述或斷定事物而建立的。它在外表形式上由兩個概念首尾包裹構成，如『鳥有翅膀』、『人會思考』、『天雨地滑』等等；而所被陳述或斷定的事物，就這樣依賴著該命題存在於你我的眼前。」

「可是沒命題我也知道那些事物存在呀，」螺仔似乎有滿肚子的疑惑，「像我就真的看見鳥拍動翅膀在飛、遇到雨天從泥地滑出去的慘事，而只要我一動腦就會想起夜裏的噩夢怎那麼恐怖！」

螺仔一番話引發不少人的興趣，類似的經驗題材一籮筐一籮筐往哲學先生身上傾倒，而忘了自己所使用的語句都帶有命題性質。果不其然，哲學先生抓住了這一點而反問他們：

「倘若沒有這些語詞的選用組合，你們還能明瞭或掌握那些事物的存在嗎？」

哈，正中下懷！還想辯解的人，剎那間都靜默不語了。隔了一會，哲學先生才再委婉的為他們講解此中的祕辛：

「所有我們能察覺的事物，都是先有命題限定過的，以至事物的存在和命題就緊密結成一體而分不開了。」

「那命題又為何能限定事物的存在？」燕子循著哲學先生的話尾追問了一句。

「這就涉及知識的成立問題，」哲學先生又在賣關子，「等你們把前面談過的話題都消化了，我們再來討論。」

到這裏，我也要筆記簿代我問一個問題：「我們也可以討個自己想要的存在嗎？」

20. 聽存在的迴響

哲學先生把我的問題帶到課堂上，吩咐大家將「我們要的存在」連結命題一起思考，看能夠得出怎樣的結果。

「有了命題我們才可以存在。」胖子興奮的道出他的發現。

「應該說有了命題我們才知道怎麼存在。」哲學先生略微調整他的說法。

大家忽然想起開學第一堂課爭論存在的話題，一時間想要修改先前觀點的言語漫天飛舞了起來。

「名牌保證不了我的存在。」

「我知道走哪一條回家，也不表示我已經存在了。」

「沒有人能讓我思考，是命題讓我知道我會思考。」

「我坐這裏要存在，還欠缺一個命題。」

哲學先生聽著，一顆頭點了又點。

「重點是命題憑什麼能限定我們的存在，大家都還不知道呢！」二毛意外的將了眾人一軍。

這時大夥都回過神來，從新注視著前方，暗示哲學先生要給個交代，因為這是他上次承諾過的。哲學先生會意了，徐徐的說道：

「構設命題而使我們或事物存在，這是知識成立的基本條件。至於它究竟是如何可能的，這就約略有兩個途徑：一個是直接經驗；一個是間接推理。」

我們要求哲學先生舉例說明，他答應了：

「以事物為例，如常聽說的『天氣冷熱不定會使人生病』和『天氣冷熱不定可歸咎於人為溫室效應的後遺症』，就是分別被直接經驗和間接推理而存在的。」

哲學先生才說到此地，早已有好幾個人在抓耳搔腮準備口頭火拚一場了。

「生活在炎熱或酷寒地區的人要怎樣經驗？」九孔率先發動攻勢。

「如果推理推到別地方去該怎麼辦？」牛心接力趕上。

「那溫室效應又哪來的後遺症？」膨風尾隨前去。

他們三人的炮火已經夠猛烈了，沒想到還有更震撼的，那就是大姊大凌空爆出的一句話：

「要那些知識幹嘛！」

正當教室滿是喧囂碎片彈跳，放學鐘聲響了，所有的疑問只得留待明天看哲學先生怎麼解答。我的筆記簿也僅能匆忙接收我心中的一道亂碼：「存在的迴響也很光亮呀！」

21.知識可以挺立了

我們要的存在，這理當還有討論的餘地，只因大家膠著於命題和存在關係的議題裏，而輕易地放它過去。我很盼望哲學先生記得這件事，找機會再把它帶出來理一理。

今天哲學先生將大夥遺留的疑問疏解了一遍。他說判定事物存在的方式不變，而判定事物存在的內容可變，以至知識不可能只有一個樣子。如果大家不滿意別人提供的知識，那就自己來建立，但這得非常用功才會有成績。

「不論怎麼樣，」哲學先生試著鼓舞大家，「知識都會有用處，讓你永遠維持在一個文化人的高峯狀態。」

「我也懂了！」這回換冬瓜彈高屁股在講話，「概念組成命題，命題陳述或斷定事物，事物就存在了，命題本身也構成了知識，所以說知識都是關係存在的……」

沒等冬瓜掰完，山豬又想打趣，說他搶了哲學先生的話。

「不然讓你來總結看看！」冬瓜也不甘示弱。

「這我就敬謝不敏了。」山豬拱拱手退出爭辯。

就在他們互酸對方的頃刻，我把筆記簿豎了起來，看哲學先生會不會注意到而重拾最先的話題。結果他瞥見了，也說話了：

「我差點忘記還有一個重要的問題沒討論，那是筆記簿先生……」

我聽出哲學先生就要說漏嘴，趕快搖手請他別牽扯到我筆記簿上的紀錄。他會意了，立刻將原話打住，改成另一個說法：「既然已經知道是命題使我們存在，那還可以追問的是有什麼我們所需或想要的命題？」

「趕快變成大人。」胖子不加思索的答道。

「你這算什麼命題！」二毛數落他。

「非命題！」黑面直接將他否決。

看來這要哲學先生幫忙解惑了，我們實在沒有能力再想及這個課題。

「好吧，」哲學先生大概也猜到該是他上場的時候了，「我提供一個高價值取向的給你們參考：勇於當個哲學家或文學家或藝術家……」

哲學先生話還沒說完，底下已昏倒了一大片。我無力驅遣筆記簿去救援，只能暗中代大家埋怨兩句：「知識可以挺立了，但我們要的存在還遠在天邊！」

22.總得有過場

「別苦惱！」哲學先生再度鼓舞大家，「我們要的存在問題就留給你們自己去探索，我不再多說了。」

我知道哲學先生已經解答了大家的疑惑，只是很少人願意將自己想要的存在寄託於遙遠的未來，因此我的代為埋怨就反向嘲諷到了我自己，畢竟我那醞釀許久的作家夢是不需要別人一再提醒的。

或許哲學先生明白了我的說詞不內含自己，而研判那表面的反向嘲諷並沒有真的發生，所以就放心擱置我的筆記簿而另啟新的話題：

「其實，命題的認知僅僅是個過場……」

「那終點又在哪裏？」四喜打岔盛氣凌人，「為什麼走不完？」

「不急，」哲學先生說，「現在學期才過三分之一，離放寒假還早呢！」

被哲學先生一將，四喜左看右看企圖把過錯轉給別人，但沒有人領情。

「你可以繼續做放假夢！」胖子壓住它的氣燄。

「我私准你退場！」冬瓜加他一棍。

鬧場不成，四喜裝乖躲在旁邊玩桌面被他刻出的凹痕。

「還有人想發表意見嗎？」哲學先生問大家。

顯然不會有人搭腔了，因為只有哲學先生知道終點在哪裏，我們能做的事就是等待。

「好，」哲學先生接著說，「再來我們還得了解命題所構成的知識有哪些形態，在運用或重建上才有準的。」

他詳舉了四種類型，包括「所有……都是……」式的全稱肯定命題、「有些……是……」式的特稱肯定命題、「所有……都不是……」式的全稱否定命題和「有些……不是……」式的特稱否定命題等，然後徵詢是否有人能夠構設例子。阿海舉手說他看過一篇〈白烏鴉與黑天鵝〉，可以用裏面的資料來填答：

「所有的烏鴉都是黑的，有些天鵝是黑的，所有烏鴉都不是白的，有些天鵝不是白的；或者所有天鵝都是白的，有些烏鴉是白的，所有天鵝都不是黑的，有些烏鴉不是黑的。」

阿海一連說下來，除了哲學先生聽得津津有味，其餘不是當場陣亡，就是傷重倒地不起。

「阿海，饒了我們吧！」還有點力氣的人代大家懇求著。

我的筆記簿也想哀號一聲，但被我喝住了。我告訴它：「總得有過場呀！」

23.真假問題一籮筐

離教室不遠處有座花圃，來了幾個工人準備要翻土種花。下課時，大夥跑去觀看。有人乘機玩起「所有花都是香的，有些花是香的，所有花都不是香的，有些花不是香的」命題遊戲。總務主任走過來，好奇的問我們在幹嘛！

「練哲學。」大家一起回答。

「什麼，」總務主任瞪大了眼睛說，「你們把哲學當唱歌呀！」

這時人羣中冒出一句「有些人不懂哲學卻要裝懂」，不想被總務主任聽見了，他掄起手中的竹竿作勢要打人，大家一哄而散。

回到教室，眾人聚在一塊議論這件事，普遍擔心總務主任不再來檢修我們班的課桌椅，那「代誌就大條」了。

「沒關係，」前頭響起哲學先生的安慰聲，「有些哲學家也能當木匠幫人修繕。」

他說著走下講臺查驗每一張桌椅，然後去工友休息處借來鐵槌，敲敲打打了一陣，原先會搖晃的那些桌椅居然都穩住了。

「真的吔！」牛心喜出望外的說，「哲學先生不是蓋的！」

衝著這句話，哲學先生再帶出一個「命題有真假」的課題。

「各位還記得有一次討論『人有三隻腳』那個話題嗎？」哲學先生努力在喚起大家的記憶，「『人有三隻腳』很明顯是假的命題，所以由它所完構的知識我們就不能信以為真。」

「誰會造假知識？」阿西比別人快速想到這個問題，「假知識真的沒有作用嗎？還有我們怎麼判斷假知識？而真知識又如何去獲得？」

阿西一番話又搞得大家腦筋嚴重打結，早已有一票人在串聯要把他驅逐出境。

「是不是請阿西先去外面留學。」九孔代表發出籲請，「等他學成了，再來解決他自己的疑問，不然我們都要被他困住了！」

哲學先生微微笑著，將九孔的話接過去說：

「他現在已經升級變成准哲學家了，而你們還不知道發問，可見該外放留學的不是他而是你們。」

九孔被說得臉有點紅了起來。其他想驅逐阿西的人，也跟著敗退，頹喪得像消風的皮筏。

「肯定或否定，真或假，居心可議不可議……」我的筆記簿無端地多出這行文字，看來它在暗示我也該去留學了。

24.有效用的命題等你來報到

留學的話題原是二毛在一次閒聊中提起的。他說鄰居有個叔叔在公司老是出紕漏，被老闆外放去日本留學，兩年後返回接某部門主管，他只要遇到糊塗的員工，就比照著叫對方去留學，據說現在他們公司的競爭力是國內數一數二的。如今建議阿西去留學是在反諷，因為大夥不想太有競爭力。

只不過哲學先生無意中一激，反倒壞了他們的情緒，個個羞愧得抬不起頭來。

「人造假知識，」哲學先生從新答覆阿西的提問，「那可能出於無意，也可能出於有意。」

「早期有太陽繞地球轉的說法，那是不是出於無意；而史書記載有位掌權的宦官指鹿為馬以試探別人的反應，那是不是出於有意。」田雞很有把握似的在印證哲學先生的說法。

「關鍵是幹嘛有意造假？」二毛不解的問。

「這還用問，」胖子歪著身子回他，「田雞不是說了，是為了賺錢。」

「人家說的可是鞏固權力。」冬瓜反嗆胖子。

「道理都一樣嘛！」胖子還是想狡辯。

哲學先生在講臺上已經頷首了好幾次，他俯身用眼神詢問阿西是否滿意，阿西會意的點了點頭。

「還有怎麼判斷假知識和如何獲得真知識那些問題？」膨風心急得好像要當阿西的接班人。

「同樣是靠經驗和推理，」哲學先生回覆道，「只要你的見識夠廣，很容易就可以再經驗到或推理出別人所建立命題的真假。」

老實說，大家比較在意的是誰能提供有效用的命題給我們，而我們什麼時候才有辦法也提供有效用的命題給別人，一起在知識領域雙雙的成長。這時我的腦筋動到了哲學先生身上，就試探性的問道：

「倘若有人發給我們一張看不懂的試卷，怎麼辦？」

「誰這麼殘忍？」四喜又在隨便插嘴。

「你忘了，」捲毛被勾動呼應起我的講法，「有一年我們真的拿過一張看不懂的國語卷子。」

「上面只有兩道申論題，」黑面也不落人後，「那題意連監考老師也猜了老半天才猜出來。」

他們三人你一言我一語，就這樣將時間用光光，讓我乾焦急到只能對著筆記簿頻頻發出痴想：「有效用的命題等你來報到呵！」

25. 沒有終點

「不懂試卷題意，」哲學先生一早就將昨天來不及說的話和盤托出，「那可能是自己的能力欠缺，也可能是命題老師沒有提供足夠的資訊。倘若是後者，那就得暗地裏希望他去補修哲學課，好把命題的類型和真假問題搞清楚。」

「以免誤人子弟！」膨風擅自在作結。

「還有那也很容易害到自己！」山豬也湊上一腳。

大家不了解山豬所說的「害到自己」是什麼意思，就逼他把話說清楚。

「有家長來投訴，」山豬說，「那位老師就得跑去校長室挨罵啦！」

「呿，你這是什麼歪理論！」大夥還他一記爆栗。

試卷問題，我們不敢再想下去，只約略抓到一個訣竅：有效用的命題就存在哲學所揭發眾多條件的斟酌裏，否則一切很可能會流於無謂。

「那我們是不是要一直追問誰比較厲害，能把命題構設得特別有效用？」准哲學家阿西再度提出這個大家想都沒想過的問題。

「對極了，」哲學先生給了他一個肯定的答覆，「人類文化能夠快速進展或豐富起來，就是靠這道程序。」

我們大多覺得哲學先生說的話有點深奧，卻又不知道要從哪裏問起。縱是如此，仍然有人可以不太費力的接上去，那個人就是小金。

「我聽過一位作家演講，他說人不吃東西會餓死，不運動會病死，不讀書會笨死，不學才藝會羞死，這就有層層遞進的意味！」

小金似乎還想總結說「構設這些命題能夠使文化向前推展」，但胖子已經等不及要大發議論了：

「人不睡覺會累死，不喝水會渴死，不吹冷氣會熱死，這我也會說，有什麼了不起！」

「你這是倒縮，」冬瓜用閩南話嗆他，「全部跟人家前頭說的同類型，還自以為在推進呢！」

「我看他吃喝睡就行了，別想當什麼文化人了。」牛心加進來吹熄他心頭的火燄。

胖子被譏諷得臉都紅了，他沒料到不小心說漏嘴就遭人整成這樣，只好擠了擠眼逕自去翻桌上的課本。

哲學先生傾聽兩造的論辯，不停地露出欣慰的表情，許久才說道：

81 25. 沒有終點

「你們終於知道了知識的探索不會有終點。」

是啊，我的筆記簿也跟著謅上一句：「這輩子我們也有讀不完的書啦！」

26. 且看另類知識

當初我們猜測只有哲學先生一人知道命題認知的終點在哪裏，現在聽他這麼一說，才曉得那是沒有止境的，不論是誰都無法預見最後的狀況，畢竟人有著無窮盡的智能可以發揮啊！

「前面我們所探討的只是知識的一端……」哲學先生故意把話說到一半，而四下瞅著看會不會有人再急切的詰問。

大夥都轉頭望向四喜那邊，期待他像以往那樣演一齣「無厘頭問話」的戲碼來湊趣。

「我才不說，」四喜察覺到了，隨即擺出一副不上當的踐樣子，「你們想看好戲就慢慢等吧！」

我們不大清楚從過去到現在四喜的發言有多少成分是真的，但就這次他的反應來看，顯然他也學會了深度思維，不再隨便給人貼上輕浮小子的標籤。

「以前說的那些都屬於真的知識，」哲學先生看沒人答腔就自己先說了，「此外還有善的知識和美的知識，像『他是好人』和『那朵花艷麗極了』等，就是分別涉及善和美……」

哲學先生才解說到這裏，教室內已經有人忍不住要騷動了。

「善和美不真也不假，怎能算是知識？」螺仔率先發嗔。

「還有善和美又是什麼？」膨風快步趕上。

「知識怎會那麼容易被人捉弄來捉弄去！」九孔跟著沒來由的怨怪。

後頭這項意見引起了大家的側目。尤其是四喜，他得理不饒人似的說出他的不平：

「看吧，耍白痴的不是只有我一個人！」

九孔被四喜挖苦後，尷尬的把頭一逕埋進他的胸前，不敢再支吾半句。

「你們的警覺性很夠，」哲學先生並沒有被大家的騷動嚇著了，「知識是人去限定的，而善和美要成為知識也是經由相同的程序。」

「那理由？」山豬迫不及待的追問著。

「它們都可以創設或界說。」哲學先生答道。

「什麼，」冬瓜彷彿是四喜第二的強迸出話，「善和美怎麼能加以創設！」

「跟真的情況是有點不同，」哲學先生委婉的說道，「所以我才準備說它們是另類知識。」

「不懂，」冬瓜幾近要耍賴了，「真可以去界說，但善和美只能憑感覺，它們又如何能來自人的創設？」

冬瓜越說越走樣，大家紛紛潑他冷水，說他「強詞奪理」、「愛給自己拆臺」和「狗屁不通」！

我的筆記簿早已現出一堆潦草的符號，連我自己都看不下去而對它咕噥了一句：「誰讓你這樣亂塗一通！」

27. 勤學就對了

經過了一場激烈的爭辯，哲學先生似乎已經覷見問題的癥結所在，今天一早他就帶來一張海報和一個小盆栽，想要證實他所說的另類知識。

「他算不算是好人？」哲學先生指著海報上那位捐款賑災的男子問道。

「算！」大家異口同聲的回答。

「這花是不是很艷麗？」哲學先生又指著盆栽裏盛開得紅白相間的蝴蝶蘭問道。

「是！」大家又異口同聲的回答。

哲學先生秀完他帶來的道具後，以十分自信的語氣說道：「看吧，現實中有好人和美花的存在，這跟大家所知道的天氣有變化或不善養身容易生病的情況，不都是知識的形態麼！」

「問題是人家都叫做真，」螺仔好像有一肚子的疑問，「它們卻要岔出去獨稱善和美，那怎麼會相同？」

「真善美字體不一樣，自然要有正宗知識和另類知識的區分呀！」胖子急著想當解惑人。

「你這是望文生義兼愛現！」膨風企圖潑胖子一盆冷水。

「不然你分辨給我看看！」胖子也毛起來大聲嗆了回去。

膨風眼看辯不過對方，就比了個停戰的手勢而自動住口。

哲學先生順著大家的話尾，作出最後的裁決說：

「真善美的區分不只是文字形式，還有實質涵義：也就是真在命題本身，一般叫做論理真理；善美在命題所指稱的事物，一般叫做本體真理。」

哲學先生所帶出的一組新概念，剎那間又困惑了一大羣人，紛紛面對他露出極度厭煩的表情。不過，哲學先生一點也不著急，依舊幽緩的說道：

「比如說『愛睡懶覺的人會得痴肥症』，這句話如果得到驗證，就是真的，它就擁有論理真理；至於『他是好人』和『那朵花艷麗極了』，那就可以從大家給『好人』和『艷麗』的限義中去判斷，倘若符合了該限義，那『他』和『那朵花』就是真的，二者也就擁有了本體真理。」

大家對哲學先生說的話似懂非懂，有人還想爭辯什麼，卻又不知道從哪裏入手，而時間就那樣滴答的跑走了一大段。最終得到的是哲學先生一個半慧點半激勵的眼神，彷彿在暗示大家要多多學習呀！

這次我的筆記簿很篤定地給自己下了一道命令：「勤學就

對了！」

28.一個聖字叫大家閉嘴

「勤學就對了」的迴響還沒有散去，就聽見小玲慢速插進一句出人意表的話：

「還有聖哪，你們怎麼都不說？」

是啊，經常跟隨家人去教會作禮拜的小玲「一語驚醒夢中人」！此刻大夥又開始搖頭晃腦起來，亟於思索那曾被宗教家一再提點的「聖」，究竟要怎樣安頓它。

「聖得連到神祕界去理解，」哲學先生試著為大家祛疑解惑，「所得可以比照真善美去判斷。在這種情況下，它就是真善美的總稱；否則就得別為看待，而這時要在真善美外另添一個聖也未嘗不可。」

看來哲學先生的說解只有小玲一人能領會，其他沒宗教信仰的人都像是鴨子聽雷般的呆在那裏，驀地全失去了窮究細探的衝勁。

「我家拜佛，」終於有人開口了，大家回頭看是捲毛，「除了佛像，不知道有什麼聖哩！」

「對呀，」二毛也加入戰局，「我家供奉關公，祂是道教神祇，好像也聖不起來。」

「怎麼聖不起來，」牛心兀自發嗔道，「祂叫關聖帝君，不就有個聖字！」

「此聖非彼聖，」四喜跳出來在挑剔人家的毛病，「一個屬於神性，一個屬於狀態，不要混為一談。」

四喜頃刻間彷彿學會了不少東西，連神性、狀態一類概念也能說出口，看得哲學先生都佩服不已，頻頻點頭附和他的說法。

「小玲你說呢，」阿西忍不住搶問了一個哲學先生該問的問題，「你體會到的聖跟大家感覺的有什麼不同？」

「迷迷糊糊的，」小玲答道，「我都是去教會吃點心……」

小玲尚未說出她根本沒在聽牧師講道一事，已經笑翻了周遭一羣人，有的代她頓腳，有的代她搥胸，有的乾脆站起來代她呼喊：「主啊，請原諒我辜負了您的一片好心！」

「我們是不是也要比照先例，」哲學先生趕緊出面想要終止這場無心的鬧劇，「暫時請聖字離開，好讓大家可以繼續談論比較沒有爭議的課題。」

「附議！」我的筆記簿擅自替我說出這個我不大認同的字眼，因為我打從心底都還沒想過這是什麼問題，怎能那麼快就讓自己閉嘴呢！

「不然你還想說什麼？」筆記簿反問我。

「我還在考慮。」我答道。

「那就是半附議。」筆記簿說。

「多嘴！」我回它白眼。

29.背後還有更勁爆的

「由於另類知識的真假在事物本身，跟正宗知識的真假在命題上不一樣，所以它才改用善美甚至聖字來稱呼，表示它還可以別為體會。」

哲學先生補充說的這段話，似乎還有餘韻未了，只等著看有沒有人發問，他再加碼論述得透徹一點。

「所謂別為體會，是不是指善美要實際去感受，才知道它們的好處。」開口講話的是阿海。

「沒錯，」哲學先生給了一個讚賞的眼神，「因為善美還有相對的惡醜，這些被人察覺時都會關連到情緒，不像正宗知識的真假只用理智去判斷就可以了。」

「我知道了！」胖子忽地拉高嗓門把大家嚇了一跳，「善惡美醜除了分析它們，此外就只能用心去感受，而感受是不計較真假的。」

「你什麼時候也變聰明了？」冬瓜冷不防的酸了他一下。

「只會撿別人的話尾說算什麼英雄好漢！」山豬也沒給他好臉色看。

「我不當英雄好漢，」胖子為自己辯解道，「你們也不要以為別人都不會長進。」

胖子這話說得漂亮，不消片刻就把對方的凌人盛氣壓了下去，連哲學先生都笑瞇瞇的對他另眼相看。

「其實問題還有更複雜的！」

大家聽見哲學先生迸出這句話，就知道他有高見要發表了。果然再收到他的音聲：

「善惡美醜的感受已經另有倫理學和美學在處理，我們得等後面一點再來跟它們搏感情。」

結論才見光，就引來了一些反彈聲浪。

「搏啥感情哪，」說話的人是大姊大，她一反平常而有氣無力的苦訴著：「什麼倫理學、美學一大堆有的沒的，你們就不怕人家得了厭食症！」

「是啊，」跟著嘟囔的人是小魚，她爆了一句堪稱經典的話：「一個活得好好的人，幹嘛要被那些學問捆綁像顆肉粽？」

「先別埋怨，」哲學先生適時的介入來調解，「你們平時就在學怎麼做人和怎樣欣賞文學藝術，而倫理學和美學不過是在總提它們而已，並不是額外要增加大家的負擔。」

「就是嘛，」膨風也學人踨了起來，「我一點也不訝異哲學會越來越龐大可觀，只是不知道還有什麼我們沒接觸過的？」

「有，」哲學先生逕直的答道：「形上學！」

「那是什麼碗糕呀！」經哲學先生這麼一說，我的筆記簿驚奇得連閩南話都冒了出來，我也管不住它了。

30. 難題的答案就在眼前

形上學，那鐵定是個勁爆的話題。哲學先生看了我的筆記簿，在第一時間就試圖要緩和大家的情緒。

「形上學不是什麼碗糕，」哲學先生說，「它是道道地地的哲學的源頭，沒有它所有的知識都無法成立。」

「那邏輯呢，」阿西問道，「它不是最早告訴我們沒有它不行嗎？」

「邏輯是組織知識的規律，」哲學先生答道，「它還不算是第一級序的。只有形上學所提供的一些原理，才是決定知識成不成立的關鍵。」

很明顯大夥的腦海已經被哲學先生攪翻得沸沸揚揚了，有的支頤沈思，有的攢眉蹙額，有的猛吊眼球，就是沒有人還知道要在這個時候養好心情以逸待勞。

「哈，」九孔故作輕鬆的小嚷道，「大家不必緊張，哲學先生一定會有辦法讓我們明白的，不是嗎？」

「這我也知道，」黑面本要吐槽他不勞多嘴，卻改口說：「只是每次都等哲學先生告知，也太不長進了！」

他襲用了胖子的詞彙，讓胖子一時間忘形的望著他，好像要將他引為知音似的，竟然在教室裏形成一個有趣的畫面，逗得大家笑嘻嘻。

「事實上形上學也不難理解，」哲學先生以猜中大家心思般的解起惑來，「它只有第一原理和因果原理兩項最重要，其餘就加加減減的隨意應付就好了。」

在這個時刻誰要是先講話就會提早陣亡，因為那兩項原理除了等哲學先生親自說明，我們是不可能有答案的；而沒有答案又想像當初那樣隨口發問，勢必會被別人看輕，暗中詆毀你白上了半學期的哲學課。

「第一原理有矛盾律、同一律和排中律，而因果原理則指有果必有因。」哲學先生很快的將形上學簡述了一遍，「在第一原理中以矛盾律最常被遵守。也就是凡是違反矛盾律的都不能構成知識……」

「啊，」四喜突然領悟到了什麼大叫出聲，「矛盾、不相干、循環論證，以前不就討論過了，怎麼大家都忘了呢！」

四喜如夢初醒，我們也如夢初醒，一起都抖擻起了精神，教我的筆記簿無端地的學他狂喊著：

「難題的答案就在眼前呀！」

31.形上原理是擎天柱

我去查書，上面說矛盾律指的是「『有』不能同時及在同一觀點下看是『非有』」或「『是』不能是『非是』」；同一律指的是「『有』就是『有』」或「『是』就是『是』」；排中律指的是「一個東西只能是實有或虛無，沒有第三者的可能」。當中以矛盾律被運用的機率最高，這就跟哲學先生所說的一致。

「都想起來了吧，」哲學先生現出一派雲淡風輕的模樣，「如果我問你們知不知道矛盾律，你們才剛回答說知道，馬上又改口說不知道，這就違反矛盾律，等於沒說什麼；而將這點擴及其他，所有將要成立的知識都得以它為最終依據……」

「那不相干和循環論證又是什麼？」捲毛不等哲學先生說完就率先問道。

「它們違反的是邏輯規律，」哲學先生答著，「跟違反矛盾律不在同一個層次。」

「是不是這個緣故,矛盾律才被歸在形上原理的範圍內？」燕子會意似的追問道。

「形上是因為該原理本身抽象看不見，」哲學先生仔細分辨著，「它相對的是具體可察的形下的命題。至於邏輯規律，作用在承上啟下，可以算是中間型態。」

哲學先生一口氣報出偌多的新概念，肯定又要折煞大家還不夠靈光的腦袋。有人索性「一笑置之」，順便把那些概念不加咀嚼的囫圇吞下去。但事情總有例外，沈潛多時的蜈蚣此刻已經在醞釀他的卓見，準備再度大顯身手：

「所以說知識是由形上原理所保障的，而知識要形成體系又必須仰賴邏輯的作用，這樣形上原理就同時內在於知識和邏輯中。至於知識和邏輯的關係，僅是局部交集，誰也涵蓋不了誰。」

蜈蚣說著，從抽屜取出一張他新繪的形上學、知識論和邏輯學的關係圖，旁邊還加入少許漫畫人物的品評議論。

大夥的目光都集中到那張圖上，驚喜得頻頻透出「傳閱」的呼聲。哲學先生也跟著頷首了好幾回，最後建議蜈蚣將它貼到公布欄上，供大家自由觀賞，免得傳閱太耗費時間。

我的筆記簿又一次紀錄了大夥圍觀蜈蚣新作的盛況，那裏彷彿有根名叫形上原理的擎天柱浮出了地表。而有趣的是，它同時也捕捉到了大夥五花八門的對話：

「他為什麼把形上學畫成一根柱子？」

「那才能頂天立地呀！」

「我從來不知道有這玩藝兒。」

「你該去留學了！」

32.凡事都有例外

原以為形上學一出，哲學的勁爆性就到頂了，哪知道事情還沒完了，小金和田雞二人無意中又興起了另一道波瀾，那是他們剛從書上看來的只有一句話的文學作品。

「嚇，好大的肚臍眼兒！」小金先說道，「這是一首題作〈蓮霧〉的短詩，蓮霧沒有肚臍眼，卻說它有肚臍眼，這明明是自相矛盾又為什麼可以成立？」

「他醒來的時候，恐龍還在那裏！」換田雞說道，「這是一篇無題故事，文中的他所以睡著是因為恐龍走了，怎麼會醒來恐龍還在身邊，這不是很矛盾嗎？」

田雞少說了一句「該作品又為什麼能夠成立？」我在此幫他補足，讓上下脈絡看來比較像是在進行詰辯。

「地球上的最後一個人獨自坐在房間裏，這時突然傳來敲門聲。」這回小金和田雞一唱一和的說道，「這是一篇無題小說，實在想不通那敲門聲是怎麼可能的！」

他們省略掉前後語，光說中間那一部分，我感覺有點吃力，乾脆就不幫他們補了，而將心思留意在哲學先生身上，看他會怎麼處理。

你們這是大哉問呀，」哲學先生面有難色的嘆道，「文學是唯一准許相矛盾事物並存的領域，那又得花很多工夫才能說清楚，你們現在就急著想知道？」

「如果可以的話，」小金代表回話，「我們想早一點了解答案。」

「那些不都是無理而妙麼，」二毛把我註記過的話偷學了去賣弄，「以前哲學先生不是有過類似的演示，何必一定要追究到底？」

「就是嘛，」黑面也不甘寂寞的要說個大話，「文學美感得另外領受，上次哲學先生不是交代過了屬於美學問題的以後再討論，現在強要插進這一段，不就等於逼迫大家擱著哲學而改去談文學！」

兩派人馬各有堅持，讓哲學先生好生為難。其他觀戰的人也拿不定主意傾向哪一方，只好悵悵地望著凝結的空氣發呆。

「有啦，」冬瓜又在故作驚人的颸話，「姑且請文學退去一旁休息，等適當時機再迎接它上場，事情不就解決了？」

沒想到這次冬瓜居然博得了不少掌聲，包括哲學先生在內許多人一起笑開懷。我在筆記簿上也強記了一句：「沒錯，凡事都有例外！」不過，我知道這只針對實有，換成虛無就是絕對的一了。

33. 大漢病倒了

第一節課的鐘聲響過了，遲遲不見哲學先生的影子。大夥正在狐疑間，教務主任走了進來。她對大家宣布：

「你們老師發高燒住進了醫院，待會學校會給你們請代課老師，大家先自習，別亂跑吵鬧干擾別班上課。」

我們從主任口中探聽到哲學先生兩天假日陪友人去登山，返家後發燒不退，被家人送到醫院急診，今早還留在那裏觀察。

「嘿，」瘦猴神秘兮兮的告訴大家，「哲學先生可能撞邪了！」

一句話引得眾人議論紛紛，有的猜測哲學先生大概是被魔神仔勾走半條魂魄，因為報紙常有類似的報導；也有的猜測哲學先生說不定遇到罹難登山客的怨靈要找交替不成作祟，這也聽過電視談話性節目的名嘴多方證實；還有的猜測最不幸的是哲學先生感染了強悍的病菌或病毒。最後這一說才出爐，就遭到其他人眼神殺氣的圍攻，明令他得把話講清楚才准下片。

「生物學書上說，高個子的人表面積大，感染病菌或病毒的機率也大。哲學先生長那麼高，很容易生病，這次有可能是沒防備而遭了殃！」

「證據？」有人不信硬要對方舉出實例來。

「我有兩個鄰居身高都超過一百八十公分，卻不怎麼健康，常看到他們進出醫院。」

「這也只是少數例子，沒有準度。」

「不然你去醫院逛逛，看是不是病患都比一般人高大。」

「我才沒這個興趣！」

大夥的交談結束在這裏，還沒散開，就有人提議放學後一道去探望哲學先生，順便印證一下相關的揣測。

時間到了，大家尋踪找到病床，有攜帶口罩的人都自動戴上了，以防萬一。這時哲學先生的額頭正在冰敷，他看我們挨擠著卻又怯怯的樣子，不覺噗哧一笑：

「怎麼啦，一羣蒙面俠要來拯救我這個落難的登山客嗎？」

我們不大敢吭聲，只推阿西代表向哲學先生致意，希望他早日康復，因為哲學課不能沒有他。

哲學先生宛如猜到了我們的心思，他伸出左臂給大家看上面的包紮後說：

「我是被虎頭蜂螫到才發燒的，不礙事，明天就可以出院了。」

哲學先生的話叫我們大為破功，導致我沒有勇氣在筆記簿上註明這段探病的歷程。

34. 我們是哲學第一班

哲學先生要到週三才銷假上班，這兩天來代課的老師有四、五位，分別代一節或兩節課，他們臨去時都會回頭多看我們一眼。並不是因為我們長相有什麼特殊或秩序比別班好，而是因為我們問了一些讓他們招架不住的問題。

那些問題，有的近於刁鑽無賴，如：

「哲學是誰發明的？」

「三角形的內角和怎麼剛好是180°？」

「時間又是什麼？」

有的連我們自己都心虛了老半天，如：

「矛盾為什麼矛盾？」

「知識可以憑空知識嗎？」

「邏輯哪來的邏輯？」

有的深奧到會逼人去撞牆，如：

「做事不成要付出多少悔恨的代價？」

「這輩子駭怕讀書是否來自上輩子經驗的延續？」

「學哲學一定得神經兮兮嗎？」

尤其是後面這個問題，還被代課老師逮著機會反嘲笑我們：

「你們自己都知道的事，又何必問？」所以那一回頭看多半代表了他們的錯愕不解，也代表了我們正在加深別人殊異的印象。見證人，無疑是我們的教務主任。最後兩節課，她親自來代理，對我們說了這段話：

「來貴班代課的老師跟我反應，說你們是會電人的鱸鰻，他們被電得通體舒暢卻又渾身不自在。如果可以的話，下次別再讓他們來這裏出糗！」

「沒關係，」座位中有人白目的回了一句，「請他們戴鋼盔，就不怕被叮得滿頭包了。」

「說你們會電人，還叫他們戴鋼盔，那不是死得更慘！」教務主任沒好氣的堵了對方的嘴巴。

「這不能怪我們，」阿西仗義站起來代大家辯解，「學習就是要像這樣不斷地發問；否則學校又何必把我們招來……」

阿西還想說的是「糟蹋」的加重語氣詞，但發覺它不太恰當又沒別的詞可替換，所以當場就打住了。主任聽不出裏頭的譏諷義，還正中阿西下懷的嘉許了他一番：

「有道理！我不怪罪任何人，只是很好奇你們究竟是什麼樣的班級？」

「哲學第一班！」胖子脫口而出，大家嚇了一跳。

「很好，」主任笑笑說，「那誰是第二班？」

沒有人答得出來。不過，我的筆記簿已經自動現出一行字：

「很快就會有第二班了。」

35. 誰是第二班

教務主任很認真的將問題帶回辦公室討論，不久就通令各班要加強「哲學教育」，並且附註說不明白的人可前來我們班觀摩請益。

這件事讓哲學先生困擾極了，他一得知消息立即把我們集合起來訓話：

「我才兩天不在學校，你們就自封哲學第一班，這下可好了，以後大家就不能做第二班的事啦！」

我們覺得哲學先生的邏輯有點問題，原是稱號排序，怎麼突然變成價值對列；更何況我們也沒打算要做第二班的事呀！

「話題是我帶出來的，」胖子把責任扛了起來，「今後如果有什麼麻煩事，就讓我一個人擔當。」

「空話，」哲學先生說著臉上轉成一片蒼白，「當人家一窩蜂地跑來問東問西，順便要求你耍一段猴戲給他們看，你應付得了嗎？」

哲學先生才生過一場病，就畏首畏尾起來，這可教大夥疑惑納悶呀！

「那怎麼辦？」牛心問道。

「能怎麼辦，」哲學先生道出他的預見，「大家要有心理準備迎接挑戰，最好都能把那哲學第二班訓練出來！」

後面這句聽來才像哲學先生說的話，先前那些憂慮都是他藉機在宣洩情緒，我們差點上當。

這就對了，有我們哲學第一班，推廣開來不難再有第二班、第三班……只要別人都肯來仿效，我們學校就會升級轉為有格調的哲學學校嘍！

不意這個構思竟成了天真的想望，許久都沒有人來觀摩請益。一探聽才知道他們怕死了，彷彿染上哲學就會被施了魔咒，永遠也脫不了身。

雖然如此，還是有幾個二年級的男生不怕受咒的跑來詢問：

「聽說你們在販賣哲學，一斤多少錢？」

「有沒有好吃一點的，我想買回去給我爺爺吃。」

「你們會附贈遊戲機嗎？」

「用壞了還能不能換一臺新的？」

「怎麼補充能量可以一併告知嗎？」

「對考試有幫助嗎？」

聽到這裏，我們終於反向明白哲學先生為什麼會焦慮了：原來成立哲學第二班比登天還要困難哪！

此刻我的筆記簿也不禁跟著我哀嘆了一聲，還把前頁註記過的話從新將它改成否定句。

36. 矛盾以外

「你的探病紀錄頁是空白，是不是有隱情？」
哲學先生一邊翻閱我的筆記簿，一邊這樣問我。我沒敢照實說，只撿一件在教室發生的事回他：
「那兩天我們被搞到神經發作，大家懷疑會不會是中了哲學的毒！」
哲學先生將它帶上講臺，正色地告訴大家：
「學哲學腦袋清晰，不會得神經病，你們別聽信那些外行人講的話！就像我有一點不正常的樣子嗎？」
哲學先生說著挺了挺胸，暗示我們仔細點瞧他哪兒有形態上或精神上的瑕疵？我們的確看不出來哲學在他身上有什麼異樣的表現，倒是我們自己疑神疑鬼，沒病也像是得了重症。
「沒錯，」哲學先生換個方式說，「有些哲學家是瘋了，也被關進精神病院，但那是他個人心理錯亂，而不是由哲學所導致的。」
「那先前我們有一些無厘頭的對答，算不算異常？」山豬翻出記憶發問。
「無厘頭是諧趣性的演出，」哲學先生答道，「那是刻意選用的互動方式，跟無法克制的瘋言瘋語迥然不同。」

「可是那些不學哲學的人為什麼都說哲學會讓人神經兮兮？」黑面也搭了順風車問道。

「這從哪來的成見不清楚，」哲學先生答著，「但有一點可以確信的是，那些人根本不了解哲學。」

這時燕子若有所思的找出他從書上抄來的一個小故事，想要尋求哲學先生的認可。那個故事說：相傳蘇東坡有一次看老友佛印打坐，他也裝模作樣學打坐。不一會他就忍不住問佛印：「你看我像什麼？」佛印說：「你像一尊佛。」蘇東坡流露勝利的表情。佛印反問他：「那你看我像什麼？」蘇東坡噗哧一笑說：「你像一堆糞！」佛印沒講話。蘇東坡回到家，很得意的告訴他妹妹這件事。他妹妹聽後慘叫一聲：「完了，你全輸了！」蘇東坡納悶不解，他妹妹說：「人家滿腦子是佛，所以看你也是佛；你滿腦子是糞，所以看人家也是糞。」

「由此可見，自己神經兮兮，才會看人也神經兮兮。」燕子得到一個類比式的答案。

哲學先生點點頭，等於給他十足的肯定。大夥也因為有哲學先生的解惑和燕子的類似印證，從此釋懷輕鬆了不少。這叫我的筆記簿也不禁要自己加入一行字：「心理矛盾是矛盾以外最不可原諒的矛盾。」我對它說：「你這句話也矛盾得讓我莫名的想要抓狂！」

37. 因果大PK

我並沒有實際抓狂，只感覺哲學到第一原理階段，已經教人要大呼一口氣了。那是我們所習得知識在理則上的最終決定者，平常搞不清楚的事物從這裏都可以獲得有效的安置，以至眼前再多的迷霧都會在深知那些原理的作用下剎那間豁然開朗。

「違反第一原理使得知識不能成立，也造成邏輯失去前後關連，這說穿了一點也不神秘。」哲學先生簡單的作了一個結論。

「還有因果原理？」眼尖的四喜逮著空隙追問了起來，「它跟第一原理又是什麼關係？」

「平行關係！」胖子不加思索的搶走話題。

「聽你在胡扯！」冬瓜像似在給人抓包，「前面不是有過討論相矛盾的事物就是沒有因果對接，二者怎會是平行關係！」

「我是從所使用詞彙不同猜想的，」胖子急著為自己辯解，「還有讓它們相互平行才好說話嘛！」

胖子這後半句顯然是在強詞奪理，平白惹毛了一堆人，不停地將話噴向他，要他認輸：

「有矛盾就沒因果，還平行什麼！」

「把因果連繫好了就不會矛盾，可見它們一點也不平行！」

「二者如果真平行了，你胖子也不再是胖子了！」

就在「你胖子也不再是胖子了」這話一出，胖子早已臉紅到了脖子，尷尬的背著大家不說話了。哲學先生見機溯及因果原理的界定說：

「有果就有因，這表示第一原理也在決定著因果原理的形成，只不過因果原理有多種情況，在相當程度上必須單獨看待，所以二者就僅以交集關係存在著。」

哲學先生所說的交集關係，既破解了胖子的平行關係論調，又總結了第一原理和因果原理的必要分立狀態。這是說因果原理可以縱向深入和橫向擴延，它雖然都還守著第一原理，但已自行增衍了不少姿采。

這種姿采，照哲學先生的說法，是指造成果的因可以無限向後追溯；而因果的連結，除了最基本的單一因單一果，還有單一因多重果、多重因單一果和多重因多重果等現象，分別在縱向深入和橫向擴延上給知識添增不少分量。

哲學先生文不加點的對我們傾倒一大籮筐因果理則，想必教室裏又要爆發一場知識覓踪實戰，我趕緊掩上筆記簿，四處偵測著看誰先PK發出第一槍。

38. 宗教的事請排去後面

掩上筆記簿，是為了不想錯過即將出現的精采畫面，而這點果然讓我見識了大夥越發帶拚勁的思辨功力。

「難道那麼多種因果類型都不需要舉例說明嗎？」率先嗆聲的是牛心。

牛心說話時，眼睛亮得嚇人，彷彿要逼哲學先生把筐底的塵屑一塊抖出來。

「已經知道的，又何必多此一舉！」螺仔不等哲學先生開口就兀自嗔恚道。

「那你說怎麼個縱向深入法？」牛心再度咄咄逼人。

「這還不簡單，」螺仔很有自信的說，「比如人想吃東西是因為肚子餓，而肚子餓是因為生理有需求，而生理有需求是因為人從有生以來就具有這種特性……只要你繼續追究，它不就縱向一直深入了嗎？」

螺仔將哲學先生曾經舉過的例子添加一點自己的意見，就成了現在他跟牛心的對答。只是在一旁的黑面代牛心不服氣，用話激他有本事就把橫向擴延也一併舉證。

「那你聽好了，」螺仔陡地巨大了起來，「『天下雨地潮濕』，這是單一因單一果；『陳樹菊捐錢助人而一連被《富比士》雜誌和《時代》雜誌選為風雲人物以及獲得菲律賓麥格賽獎等』，這是單一因多重果；『陽光、空氣、土壤和水分等讓一棵樹得以存活』，這是多重因單一果；『政治、經濟和社會複雜化而造成人多、車多、是非多、耗能多、汙染多等』，這是多重因多重果。」

就在螺仔像播報新聞般隨口道出這一大串話時，眾人驚奇得不斷發出「嗅嗅」的讚嘆聲，連原想挫敗他的黑面和牛心都佩服得一再表示甘拜下風。這時我們才知道，螺仔暗中做了不少功課，包括大善人陳樹菊事件、生物學知識和時代趨勢等，他都長期儲備來應付這一刻的交鋒。

「我有個疑問，」山豬看大夥都偏向螺仔這邊卻吃味了，「前面只說到『人從有生以來就具有這種特性』，這不會讓人滿意，我們還想知道人又是怎麼來的！」

「這就要請教哲學先生了。」螺仔一時自知短淺而將問題拋了出去。

哲學先生不客氣的撿起話題，侃侃而談著：

「西方一神教說人是上帝創造的，我們傳統儒道二家說人是精氣化生的，印度佛教說人是因緣和合的⋯⋯」

哲學先生話還沒說完，底下已經昏倒了一大堆，形同在暗示他「請別再折騰人了」！

是呀，我的筆記簿也有話要說：「那些有關宗教的事情請排去後面！」

39.還給我們一個活生生的人

宗教跑來插隊，確實攪亂了大夥的心情。但這僅是短暫的悖離，該話題終究有它的新鮮感，依舊會吸引人前去豎旗佔地，說它個夜短日長。

「宗教的事確是要延後一點才討論，」哲學先生看了我的筆記簿後對大家說，「現在只因人的由來課題冒出來了，不得不提早觸及宗教界既有的講法。」

「只不過那離我們的經驗太遠了！」膨風撇著嘴想搏塊專屬的版面。

「哪會！」冬瓜卻不讓他得逞，「它不就一直親切的圍繞在我們的身邊……」

「但我一點也感覺不到呀！」膨風還是心有不甘。

「懸想啊，」冬瓜乘勝追擊，「你不會嗎？」

眼見他們二人就要把話題扯開去，哲學先生立即再接著說：

「宗教界既有的講法雖然還無法證實，但它卻早已進駐人心而成了相當普遍的牢固的信念。」

哲學先生並沒有進一步解釋從人的由來到信念這中間的紐

結，倒是始終很能契入他一貫思路的阿海，提了一個令人耳目一新的問題：

「我知道有人說過那是創造觀、氣化觀和緣起觀等世界觀的差異，也知道東西方人長久以來都活在各自世界觀所模塑出來的理念及其行事方案中，但就是不曉得那些世界觀又基於什麼原因這般分歧？」

「思想大爆炸所產生的呀，」胖子抖擻著精神想湊一腳，「科普書不都是這樣說的嗎？」

「那大爆炸以前？」四喜橫空跳出戳中他的命門，「科普書又怎麼說？」

胖子答不上來閉嘴了，大夥也為這倏地降臨的難題給困住而手足無措。這時只見小玲一人慢條斯理的將上述爭辯往旁邊推去：

「此外還有唯物論、進化論、懷疑論、不可知論等，你們怎麼都不理會？」

「它們全然不是宗教界的講法。」冬瓜又上場且一派大師模樣，「再說你把那些講法帶進教會，鐵定會被牧師打屁股！」

「才不會呢，」小玲駁斥道，「牧師在私底下還跟我們討論哪個講法比較有道理。」

「你的意思是牧師也不相信人是上帝創造的？」二毛趁亂

發了一次威風。

「我只負責吃點心，」小玲避重就輕的說著，「完全沒有心思去探討這個問題。」

事情演變到快要一成僵局了，我的筆記簿可急著想發出慎重的籲請：「可不可以還給我們一個活生生的人！」

40. 倫理登場

「可不可以還給我們一個活生生的人」也成為話題，是在一次午後傾盆大雨大夥從操場淋個落湯雞回來，被哲學先生相中而開啟的。哲學先生說道：

「看你們這麼狼狽，一定很想知道關心眼前的事和關心遙遠的事哪個比較重要……」

哲學先生才要切入主題，底下就等不及自動升溫而衍發為一股壯觀的吵嚷聲，各種極端相左的意見爭著出籠。

「眼前的事比較重要。」

「遙遠的事比較重要。」

「不對，二者都重要。」

「也不對，二者都不重要。」

就在辯方差點失控演出全武行的千鈞一髮時刻，山豬意外地說了一句令眾人大感汗顏的話：

「給理由，別像沒受過哲學訓練的人在那邊亂吼亂叫！」

大夥原想藉機展現一點「活生生的人」的樣子，不料被山豬這麼一激，忽然有如失去作用的彈簧疲乏到沒有絲毫動力跳盪一下。

「顯然理由是找不到了！」哲學先生為大家緩頰，「如果不想心虛當一個活生生的人，那麼連結世界觀來思考怎樣過生活，還會是我們所無可逃避的宿命。」

「哲學先生是不是在暗示往上追究世界觀的源頭為徒然的舉動？」阿西精準的問道。

「也只能這樣看待了，」哲學先生答著，「但重點還在怎麼接上世界觀來決定我們自己存活的方式。」

「我知道了，」四喜又有了新發現，「世界觀關係著大家怎樣對待環境生態和建立人文生態，它已經是最優先的觀念了，不必再花心思去關注那早就遺落的源頭問題。」

四喜的用詞越來越專業，我們真的得對他另眼相看了。只是聽這些准哲學家高來高去的談話，還是有人不以為然。

「你們確定了解自己的用詞嗎？」大姊大轟出了第一炮。

「就是說嘛，」小魚緊隨在後，「我怎麼聽都不清楚你們到底要表達什麼意思！」

「還有欠缺重心！」瘦猴也壯了膽想搶另類風采。

原先說話的人應該都有能力解釋的，但因為反擊力道太強迫使他們不得不打退堂鼓，而靜待哲學先生來代為化解僵局。

「大家記住每個有疑義的用詞，」哲學先生作了一個小結，「以後討論相關課題時，不妨再讓它們出來透氣，屆時要怎麼評判就請便。」

我的筆記簿在吐苦水，說一個有趣的倫理才要登場，怎會這樣不聲不響就先退場了？

41. 道德說它有意見

哲學先生一早來到學校，還沒喘口氣，就篤定的對大家宣示：

「倫理不會退場，它始終貼近我們的生活，包括你我的相處以及走出教室後所面對的一切，都有倫理規範籠罩著。」

奇怪了，我的筆記簿還沒有給哲學先生看過，他怎會那麼剛好就講到同一個課題？難道這就是靈犀感應？我沒機會求證，只得繼續聽下去。

「前面說到人要怎麼過活，」哲學先生把問題挑明了，「這在最基本的層次，就是過倫理的生活，因為我們都生在人羣裏，必須遵守相關的倫理規範，才可能活出尊嚴來……」

哲學先生省去「不然你只能像動物般盲闖亂蹭而遭人鄙視排斥」一語不說，卻也引發了不少高度同情共感式的迴響。

「就像上次我們沒給總務主任面子，他就要掄竹竿打人。」冬瓜想起了一件陳年往事。

「我如果修養好一點，就不會把那個人摔到四腳朝天。」胖子的記憶更是鮮明。

「那幾個二年級男生跑來買哲學，我忘了秤幾斤給他們。」

九孔不知道在胡說什麼。

「代課老師怨怪我們的時候，我們少了回報他們一個讚賞的眼神。」膨風殿後越發離譜。

大家在學校待了許多年，光那點營造好人際關係的道理可都銘記在心，以至當哲學先生從新「一呼」後立刻就有了「百應」，雖然那裏面仍不免夾有無厘頭成分。不過，有些難題未經哲學先生點醒，我們卻如何也想像不到。好比由倫理規範而導出的道德行動，會有一個常顯抉擇不易的缺口無從填補。

「正如我們都知道哲學很重要，」哲學先生說話的語氣突然沈甸甸的，「但就是沒有勇氣跟學校提議來推廣……」

「為什麼？」二毛這次的反應超迅捷，「他們會來要錢嗎？」

「你別亂說，」黑面的契入更深，「他們要催討的是顏面、力氣和時間，錢算什麼！」

「我的意思是，我們可以捐錢貼補他們呀！」二毛還振振有詞。

「那顯然是跟錢無關，你還在瞎掰！」黑面的無明火竄上來了。

哲學先生已緩過一回情緒，趁尚未有人加入爭辯行列的空檔，他先述說一項我們罕知的經驗：

「一旦我開口了，就會立刻惹來眾人的詆譭，而我也得噤下臭屁、愛現、自以為了不起、學校就任你一人擺弄等語言酸液。由於沒有人可以得罪，所以我就礙難離開教室去另闢哲學的新天地了。」

我懂了，特別在筆記簿正中間大大的書寫一行字呼應：「道德說它有意見！」

42. 搏感情是真的

倫理是指集體的規範，而道德則是個體根據該規範所採取的行動。例如守義是人間社會共同的準則，而任何人覺得有益的事就要去企畫執行，這樣大家所過的就是倫理的生活。哲學先生教給我們的就這些，只是他親身經歷了受方匱缺的問題，使得道德實踐不盡如人意，也才有我所謅出的「道德說它有意見」那一隱藏式的遺憾。

「道德擬人化後如果有意見，」哲學先生講解我筆記簿上面的話，「它未必全是接受方不配合所引起的，也有可能是實踐方太過一廂情願造成的。好比我應該從少數有意接受哲學啟蒙的人開始推介，而不宜貿然強求羣體一起體現；否則道德就會反向責怪我誤用了它。」

「所以說倫理道德不像正宗知識那樣鐵板一塊，」捲毛循著哲學先生的語端說道，「它還有彈性空間、情意糾結和灰色地帶。」

「什麼灰色地帶，」山豬想要挑他毛病，「說的好像見不得人似的！」

「當你拿熱臉去貼人家的冷屁股，」捲毛試圖辯解著，「然後你沮喪的跑去空曠的地方仰天長嘯，得到一片嗚鳥啁啾的回應，這不就是灰色地帶！」

「彼此看不出有什麼邏輯關連，」胖子也有話要說，「倫理是要我們去跟人家搏感情的，現在受挫了，只能說那裏面有過度樂觀的心理問題，並不代表它真的『行不得也哥哥』！」

胖子說著學了一聲鳥叫，逗得大家心懷大開。原想再駁辯的捲毛，也收斂起言辭隨眾人嘻哈一番了事。

「說到搏感情，」哲學先生接續胖子所見深有感觸的說道，「這倒是一個好哲學課題：它預告著道德實踐有很強的互動性格，大家必須慎重考慮行動的對象和保留相關果效的期待。」

「我想通了，」冬瓜出其不意猛敲桌子一下，「我們班從過去喜歡吵鬧到現在稍微知道相互忍讓，全是靠搏感情出來的。」

「應該說有了哲學我們才懂得這樣搏感情。」牛心略為糾正他的說詞。

「也對，」冬瓜更興奮了，「我們把哲學搏出了一班的感情。」

「正是，什麼『也對』！」山豬也歪搭著話。

他們幾個人的對白逐漸飄逸出一股諧謔的味道，讓哲學先生笑到合不攏嘴，也讓我的筆記簿重拾哲學先生曾經說過要跟倫理學搏感情的話，而快速烙下「這是真的」一塊新招牌。

43. 美事來報到

「事實上，倫理體現到極致也會有美感產生。」今天哲學先生又開啟了一個新話題：善不但交集著真，也連結著美。

這一點，在上次觀賞躲避球賽連環圖，哲學先生和蜈蚣有關美不美的對話時已經透顯出來了，現在更因大夥對倫理加深了體會而著實感受到它的橫溢效應。

「就像躲避球賽，」哲學先生說道，「它是靠合作取勝；而合作的倫理性本身就帶有一種和諧的美感。」

「反過來，凡是和諧的事物也蘊涵著倫理性嗎？」阿西這一問使他快要成為倫理學專家了。

「當然，」哲學先生答道，「即使是一場花會，我們所看到那些紅綠色彩相間彰顯出的和諧模樣，它們內在也正體現著只爭艷而不相軋的倫理特色，那跟人世間所有的逸樂相處情況並無不同。」

「可是花沒有情感，」二毛搖晃著腦袋想反駁，「怎麼去判斷它們究竟有沒有那個不相軋的意思？」

「你沒聽過莊子和惠施辯論濠梁儵魚快不快樂的事嗎？」

九孔提醒他已有前例。

「那是魚，」二毛仍舊不服輸，「魚會動有感覺，而花缺乏這種特性，不能類比……」

「怎麼不能類比，」山豬也想給個當頭棒喝，「花會綻放變色，它們不也是在動嗎？」

對喲，花也是活物，山豬一席話教大夥幡然省悟，從此不再理會二毛那不具靈性的懷疑論調。

今天的鮮事還不只上述這一樁，因為冬瓜被校長召見去了，我們正等著他回來報告是哪項奇巧遭遇。

「快說，」膨風催促他，「你到底幹了什麼壞事？」

「別想歪了，」冬瓜面露喜色，「是校長褒獎我，說我替學校爭光……」

經過我們一再逼問，冬瓜終於完整交代了事件的來龍去脈：昨天督學到學校視察，他先獨自走了一趟校園，看見冬瓜跟人在玩單槓，就近前詢問冬瓜喜不喜歡學校生活。冬瓜沈吟了一會後說：「喜不喜歡是感覺問題，很難給出一個量化答案；但我會說學校很美，因為這裏有哲學和一羣好相處的夥伴。」督學聽了很滿意，記下他的名字去跟校長反應，才有今天被召見的事。

「哈，」四喜搶先賀喜道，「你撿到了黃金！」

「也幫我們這哲學第一班作了免費的宣傳！」黑面接著發出祝辭。

我知道這是繼倫理課題後美事也來報到，不由得要在筆記簿上大為註記：「多湊巧啊！」

44. 文學心

午後第二節課鐘聲響過，校長緩緩走進教室，他先跟哲學先生略事磋商，然後對我們說：

「很遺憾我不像你們都是哲學愛好者，所以也不知道要怎麼說服其他人花心思在這上面；不過，我稍微懂一點文學，也曾寫過一些小詩……」

「校長，」胖子等不及了先開口，「文學裏面也有哲學哦！」

「是嗎？」校長有點訝異，「我倒沒聽過，只曉得文學有美的成分。」

「那就是哲學呀，」胖子更急切了，「好比『她像出水芙蓉』和『你是我的巧克力』等文學句子，分別用了明喻和隱喻等技巧；而明喻和隱喻等技巧所以也構成一種知識，正是透過哲學的說明才可能的。」

校長聽著，只張嘴「哦哦」了兩聲，就沒再表示什麼。但我們猜想他特地跑來一趟，不會只到這裏為止，一定還有話要說，於是就聚精會神的等著看他演出。

「你們希望我辦哪些跟哲學有關的活動？」校長終於道出他的來意。

「活動免了，」四喜自作主張的一口回絕，「只要大家別再用異樣眼光看我們就好了。」

「還有一點，」山豬也附和說了一句，「請告訴大家來買哲學時記得自備提袋！」

山豬的話一出，校長馬上攏緊眉頭，完全意會不到那話中隱含的「先自修初級哲學再來我們這進階班求教」的奧義，最後還得勞哲學先生上來打圓場：

「沒什麼啦，那是學生在開玩笑，請校長別介意！」

校長臨去時，也跟先前的代課老師一樣頻頻回頭望。他大概在焦慮他所主政的學校有我們班這種化外之地，究竟要怎麼辦才好。

這一幕，我們只當它是小漣漪。比較驚異的是，胖子居然能大談特談文學技巧的知識，這可羨煞了不少人。當然，挖苦的話也沒欠缺。

「胖子，」牛心第一個發動攻勢，「聽說你最近在鑽研文學，可否多吐一點蠶絲出來。」

「如果少吐的話，」九孔接續給它加重力道，「我們會封你一個蛙鳴先生！」

「小心腦袋裝太多東西會變成兩腳書櫥！」膨風緊隨廁入調侃行列。

胖子邊聽取邊筆錄，在批評聲浪告一段落後，他作了綜合的回應。

「你們剛才分別運用到借喻、換喻和諷喻等技巧。」胖子信心滿滿的說道，「這合前面兩種技巧，正好是文學的菁華所在……」

不等胖子說完，他們三人已經爭先站起來拱手作揖，而把文學行家的頭銜讓了出去。

好啊，終於探觸到了「文學心」，我的筆記簿說它額外興奮，準備陪我勇戰一角，大展看家本領。

45. 藝術也要軋一腳

胖子所說的比喻技巧，總提是以甲比配乙而意義在乙。至於底下所隸屬的幾種類型中，明喻是指明顯性的比喻，如「我的血液像蜂巢嗡嗡叫」；隱喻是指隱藏性的比喻，如「你的眼睛大過肚子」；借喻是指借部分來比喻，如「他不到黃河心不死」；轉喻是指轉換來比喻，如「牛蠅吹著牠悶熱的號角」；諷諭是指諷刺性的比喻，如「藝術只偶爾在星期四繁茂」。這些資料我也累積了許多，都在筆記簿裏，哲學先生恰好用它作印證，還宣稱這是我的貢獻，他不敢掠美。

「縱是如此，」哲學先生繼續說道，「還有一種象徵也很常見，它是以甲比配乙而甲乙都有意義，甚至還可能衍生出丙丁戊等意義。如『他送一束玫瑰花給女孩』，該玫瑰花除了象徵愛情，還因為它嬌艷和帶刺而一併象徵其他你所能聯想到的不少意義。」

「既然用到比喻和象徵等技巧的東西就是文學，」山豬莫名的振奮起來，「那可好了，前面還有四喜說過的『你撿到了黃金』、冬瓜說過的『我們把哲學搏出了一班的感情』、捲毛說過的『當你拿熱臉去貼人家的冷屁股』等等，就無一不算數，可見大家也早已都是文學高手了。」

山豬這一發現非同小可，全班立即喧聲震天，酷似一鍋滾燙的沸水，一些企圖轉換身分的激切言詞此起彼落：

「哲學比較會傷腦筋。」

「我要改當文學人。」

「原來文學那麼容易就可以到手。」

「我決定從哲學世界出走。」

面對眼前這一混亂不堪的景象，哲學先生並沒有嚇著，反而語帶憐惜的對大家說：

「兼備兩種身分就好，別輕易拋棄哲學，不然你們會像來時那樣迷惘！」

哲學先生還告訴我們：倘若沒有哲學在背後指點，你根本不知道那是文學，也無從有效的去進行創作和欣賞。

「不會啊，」二毛又有意見了，「我讀散文、詩、小說那些作品，不必哲學也都能感受到它們跟說理性作品有所不同。」

「那是你把兩類作品擺在一起發現差異自然孳生的浮面印象，」哲學先生委婉解釋著，「真要說到對文學的深入了解，非得仰賴哲學不可。」

「還有藝術也是一樣，」蜈蚣加碼附和的說道，「如果你沒有印象派、前衛派、後現代派的觀念，根本看不懂現代繪畫在表達什麼！」

蜈蚣這後出擲地有聲的斷言，震懾了全場的人，連哲學先生都不禁對他猛豎大拇指。

到這裏，我自己也溫習了一遍紙上文學小旅程，而讓筆記簿自行沒收我不曾參與發言的遺憾！

46. 浸淫在美中就是了

文學和藝術的審美知識撐起了一部美學，而美學就是哲學所分衍的學科，這是哲學先生所給我們的啟導，也是我們踏入哲學殿堂後逐漸發現的一處奇景。

「美學比其他學科複雜許多，」哲學先生進一步說道，「它還涉及一個具體美感不確定性難了的問題……」

「就是也要跟它搏感情，」黑面沒等哲學先生停頓就接了上去，「但搏出來的趣味只適合自己耽戀，很難言傳，以至沒有人有把握他的美感相等於別人的美感，是這個原因嗎？」

黑面日漸專業起來，稍作推測就一語中的，哲學先生點了點頭給予肯定。而相較於他，我們宛如一羣尚在迷途中的羔羊。

「黑面，」山豬服氣了，「應該給你改名叫紅面。你實在厲害，竟然我們有過的感覺都給你點出來了。」

「是啊，」冬瓜也搭上順風車，「前天大家還在爭辯花圃那叢菊花美在哪裏，原來都白使了力氣！」

哲學先生總結說，到了具體美感前面哲學就得止步，它沒有能耐再去分析個別人所感受的那份趣味。好比「無色的綠思想喧鬧地睡覺」和「時間的熾熱一直持續到睡眠為止」這類詩句，哲學可以分析它們都用了矛盾修辭，但想理解裏面是否隱喻著「思緒茂長」該一崇高美感和「煩躁不盡」該一悲壯美感，就得仰賴讀者自己去揣摩玩味了。

「我想起來了，」胖子大嗓門嚇了大家一跳，「以前的老師給看過有人這樣造句『山經過一片雲』、『放學回家，打開門，我家的狗對我突飛猛進』、『我的弟弟長得欣欣向榮』，當時大家只覺得莫名其妙；現在經哲學先生這麼一說，我倒清楚了要這樣分辨：它們展現出了換位、轉化和夸飾等可被分析的一般技藝，至於句子本身是不是隱喻有閒適、奇觀、快慰等雅致美感，我可以領受，但實際情況如何還得看大家怎麼去體會。」

胖子說的頭頭是道，又再一次攫住大夥的注意力，紛紛回報給他崇敬的眼神。哲學先生聽在耳裏，也大為首肯，嘴巴頻頻呼出一個「好」字。

但仍有餘韻，哲學先生又附帶問了一句：

「我很好奇，你們為什麼喜歡相互取動物綽號，像蜈蚣、牛心、九孔、螺仔、燕子、山豬、田雞、小魚、瘦猴一大堆的！」

「美嘛！」大夥異口同聲的答道。

兩造都沉浸在美中，似乎忘了要矜持什麼，這就叫我的筆記簿不知從何處寫起了。

47. 期中小清倉

第一次定期測驗結束，大家的心情放鬆了不少。哲學先生也乘機要我們來個期中小清倉，將先前所遇過跟哲學有關的麻渣問題仔細理一理。他的話才說到這裏，胖子和冬瓜二人已經機警的從儲物櫃抓取掃把，站立一旁作勢要配合行動。

「你們想幹什麼？」哲學先生詫異的問道。

「清理門戶呀！」胖子和冬瓜齊聲作答。

不等哲學先生回過神來，他們就你一句我一句的開唱著：「小魚的邏輯煩惱沒了」、「大姊大不必再被瘦猴捉弄了」、「阿西可以放心去留學了」、「神經大條的人要買哲學請到走廊排隊」……

「等一等，」九孔跳出來質疑道，「你們在搞招魂儀式嗎？」

「不對，」山豬糾正他的話說，「他們是要送祟！」

哲學先生看著這一幕，早已轉驚奇表情為喜樂，連連擺手示意大家安靜，聽他評點。

「清理門戶是把內部的敗類驅逐出去，」哲學先生剴切的說道，「你們述說的沒有一樣關係這件事；何況大家全部上道了，每個人都是哲學世界裏的好類！」

哲學先生用了對比詞「好類」，聽的大夥心花怒放，很快就將一場莫名的紛亂擺一邊，而耐著性子跟隨他進入正題的討論。

「凡是能想得周到的和深入的，都有哲學的味道，」哲學先生繼續闡說著，「這半個學期來你們已能一改當初直覺反應的習性，顯然不再是哲學的門外漢了……」

「所以說我們都是准哲學家了，」牛心興奮的接走話題，「以後大家只要講話有理據，不自相矛盾，知道強化因果關連，也能對準學科議題，就可以擺脫吳下阿蒙的惡名了。」

牛心把三國時代東吳大將呂蒙欠學而腹笥窘澀的故事取作比喻，說的大夥紛紛點頭表示贊同，並且流露出一副毋須再思考其他事物的滿意模樣。這時但見阿海不慍不火的從一片愉悅的氛圍中突出，提了一個令大家傻眼的問題：

「既然真善美等知識都可以任人去創設或界說，那又何必要有形上原理、知識條件、邏輯規律那些範式來自我綁手綁腳？」

是噢，這個曾經在暗中滾動潛伏過的問題，為什麼就沒有人觸及而獨讓阿海一人發現了？由此可見，他已默記困惑了許久，如今得著機會才發作出來。

「這仍然是先規範後規範的問題，」哲學先生直搗內核的答道，「後出者覺得前出者所創立的範式可以遵從，自然就會傾心信守，以便知識的交流有共通的基礎；否則就得從新再另立範式……」

「就像歐幾里德幾何說的三角形內角和等於 180°，」小金急著要印證哲學先生的說詞，「它僅限於平面的情況；倘若是曲面或球面情況就不是這樣了，而這已經有羅巴切夫幾何和黎曼幾何分別從新設定例示過，也獲得了科學界普遍的認同。」

小金不愧是數學常考滿分的智力高手，一舉證就正中靶心。而經他這麼一講，大夥茅塞頓開，連哲學先生所說的道理都一起吸收了。

對於這個話題，老實說我完全插不上嘴，只好委屈筆記簿再讓它空白一次了。

48. 分享蛋糕

總結期中小清倉，最大收穫的是哲學形態一事的確立。那是期初哲學先生所預告而一路走來大夥所親身體驗的，裏面有對學科理論建構的從新認知，也有對普適性後設思辨強項的深刻了悟。尤其是後設思辨這種縱向深入的探究模式最為道地，已經是哲學被創設以來唯一可以顯現殊異性的標誌。

今天是哲學先生的生日，經過商議，大夥決定辦一個慶生會來反向測試哲學先生的後設思辨能耐。起初有人覺得這樣做形同是在愚弄，對哲學先生大為不敬；但最後都被「哲學先生會喜歡我們設計為難他」一個意見掩蓋過去。於是大夥兵分三路：有的從臉書查到哲學先生的星座後聯袂找著人事阿姨盧來確切的日期；有的負責集資去訂製蛋糕；有的包辦現場的祝賀流程。

當中人事阿姨那一關最難突破，她原以個資不外洩為由堅拒我們的請求；還好小組成員以哀兵姿態，用一句「如果失去這次機會，我們一定會遺憾終身，同時你也會因為沒有促成好事而不得安眠」激將，終於說服了她。

就在無意中一個飯盒大小點著蠟燭的蛋糕出現於哲學先

生的眼前，他登時嚇了一跳，口中直嚷：

「你們怎麼知道我的生日？」

「秘密！」大夥一起喊了回去。

接著是大夥合唱生日快樂歌、壽星許願和吹蠟燭那一套儀式，然後哲學先生就一個人徐徐的陷入沈思中。他大概在猶豫那小個兒蛋糕究竟要獨享還是要分享；如果是要分享，那又怎麼足夠切分……只是這邊大夥不給他考慮的時間，逕自一再的催促他：

「切蛋糕！」

哲學先生無奈的拿起裁切刀，在蛋糕上方比劃了好幾次，始終委決不下怎樣才能切出二十多等分。

「我切，」哲學先生分析道，「但後果可能是切了太大塊而有人吃不到；也可能是切了太小塊而有剩下卻不知如何處理！」

我們都默不作聲，一直等著看他表演。結果是他小心翼翼的切出一塊又一塊的蛋糕，讓大家輪流取去享用，而後僅存一小塊薄如紙片留給他自己。

「你會甘願嗎？」有人問道。

「無所謂，」哲學先生答著，「因為蛋糕是我切的，我不會吃味。」

「倘若是別人切的？」

「那就要看受者是誰才能確定。」

「誰會吃味？」

「強力要求平等正義的人。」

「你自己？」

「我靠禮讓包容。」

到了這裏，哲學先生應該也猜到我們有意設局引他入彀，所以在說完最終一句話後對我們露出一個慧黠的微笑，彷彿暗示著他也認真的配合演出了。

從此我們又學了一課：分享蛋糕這件小事，經由後設思辨居然有這麼多層面可以留意。不過，我的筆記簿說它仍然不滿意，畢竟還有一種切蛋糕有剩的情況沒人理會。我斜睨了它一眼後說：「有剩就再細分給大家或看誰比較飢餓讓他獨享，這不就得了，還要討論什麼！」

49. 權益衝突無了時

美事使人高雅，俗事令人卑微。前者固然需要哲學給予定位，但後者同樣也有待哲學加以框限。哲學先生說這樣才不致俗不可耐！

「這是不是說俗事也要講究品質？」螺仔率先問道。

「是呵，」哲學先生答著，「俗事都歸在泛政治範圍，不但要講究品質，而且還得注重它的永續性。」

「何必這麼複雜，」二毛唱起了反調，「它不就涉及人事管理，大家訂訂法規，一起遵守就是了。」

「問題在於有人不服從，」牛心槓上二毛，「你沒有看到街上常有舉白布條抗議的遊行隊伍，那不正是想要推翻法規，自己作主，哪像你說的那麼簡單。」

「那就從新訂立，怕什麼！」二毛火大了。

「你來試試看，」牛心繼續將矛頭指向他，「先從訂立有效防止大家在校內亂丟垃圾的規範開始。」

「抓到打屁股，看誰還敢亂丟垃圾。」二毛理直氣壯的。

「不好意思，」牛心戳他神經，「你就是該打屁股的人，因為我曾看過你把果皮丟進花叢裏。」

「嘿嘿，」二毛臉紅了，「我可不可以不列入黑名單中……」法規解決不了公眾事務的紛擾問題，它還得靠個別人的修養，體認管理一事的難處，而儘量降低對權益的覬覦心理。

「就像分蛋糕，」哲學先生說道，「怎麼分都不可分得很均等，但只要有人禮讓，就不會發生衝突，同時還可能因為氣氛融洽而引出大家自重敬人的態度。」

「這就是品質！」瘦猴也學人搭話。

「你終於知道了。」大夥齊聲讚道。

哲學先生還說到，俗事的理想狀態是這樣，但有關權益衝突的根源沒有解決的話，也不可能走到這一步。

「這是說不想權益受損或想權益多攬的人，會阻礙該理想狀態的實現。」冬瓜似乎很有體會。

「那些人沒別的本事或有自卑情結，才要爭著搶奪本就有限的權益。」胖子的識見也不落人後。

談論到這裏，一個「那要怎麼辦」的疑問又浮現出來了。總不能再回到泛泛強化個別人修養的道德勸說上頭，畢竟那早已有人試過卻還難以見效。

「有了，」四喜像發現新大陸般恰巧道出眾人的心聲，「請大家都來學哲學，就一定會知道哪些該提起哪些該放下。」

好個提起放下，我也跟大夥一樣有同感的在筆記簿上寫著

：「權益衝突無了時，哲學趕快前去化解，也許還有一點希望！」

50. 自治小市長的餘絮

因為分享蛋糕而觸及權益的衝突問題，哲學先生所區分的兩種哲學形態已經逐漸要焦點化了。也就是說，理論建構所牽涉命題的推演或歸結那一形態，全在各學科中搬演著，而我們如今只能淺嚐，沒有能力去深入探究；剩下的便是後設思辨這一不斷向後追問的形態比較容易感受，自然會在課堂中火熱地被挪來運用。

「既然後設思辨把我們帶到了哲學的殿堂，」哲學先生述說著，「那麼我們就能夠放心的繼續去拓寬邊界，凡是遇到有關的題材，都不妨比照這種方式加以處理。」

「這是說我們可以無所不後設思辨，」阿西試圖要整盤端出他的發現，「甚至連早已建構好的學科理論想挑它毛病也不需客氣。」

「未必要專挑毛病，」哲學先生隨即點撥著，「深化它也算是功勞一件，就像前面我們所涉獵關係倫理學或美學一類的課題那樣。」

這所總結的本哲學課程要項，經過回首來時路，我們約略都明白了，以至有不少人躍躍欲試想要一嚐哲學先生所說「拓寬邊界」的快感。恰巧學校正在舉辦自治小市長選拔，大家就相約到政見發表會現場去相機行事。

幾個候選人在臨時搭的臺子上一字排開，各自暢談著相關市政治理的藍圖：有的說他當選後要讓宵小絕跡；有的說他一定會徹底整頓違規停車；有的說他有辦法還給大家一個乾淨城市，不一而足。

「你們這是在競選市長，還是在競選警察局長、交通局長、環保局長！」牛心馬上給他們吐槽。

「還有你們現今都在學校，去哪裏推動這些事？」冬瓜也不客氣的將他們一軍。

「另外我也看不出你們有本事找到經費來兌現自己的政見！」山豬更是大膽推測他們的視野失焦。

就在大夥一聲質疑一聲批判中，臺上那些候選人個個紅著臉不知道怎麼再接續說下去。這時瘦猴見狀加碼進擊，問了一個沒人可以作答的問題：

「你們敢承諾以後學生都可以不用再寫作業嗎？」

旁邊有人警告他，這如同是個無賴講法，連神仙都不可能給你答案。

「那他們選什麼市長！」瘦猴想強詞奪理。

「好玩！」對方回應道。

一幕政治劇煽動了許多人的腎上腺素，想必還有餘絮會被稱斤論兩著，我的筆記簿就先紀錄到這裏。

51. 現代孔方兄

從自治小市長選拔的過程中，大夥察覺到一個攸關名聲或權力追求底限的課題，希望哲學先生能以專業的眼光給予疏通，至少讓我們知道那些候選人為什麼會突然冒出來，以及儘學外面政治人物亂開空頭支票。

「人參與政治基本上是為了獲得權力和名聲，」哲學先生說，「在他還沒追到手以前，會想辦法去巧取；而一旦追到手了，很可能在自我膨脹中失去理性，從此腐化下去，直至被沒收歸零為止。」

「這是否表示原來是高貴的人，只要沾染上名聲或權力，他就會開始墮落？」螺仔順勢問道。

哲學先生才要開口答覆這個問題，已經有黑面搶先在質疑句子裏部分的詞語：

「既然是高貴的人，又怎麼會去沾染權力和名聲？」

「你的意思是那種高貴是裝出來的？」捲毛似乎要呼應他的說法。

「差不多，」黑面答著，「我就看過我一位親戚為了選議員，找來公關公司的人幫他修飾門面和撰寫演說稿，彷彿脫了凡胎一般，實際上私底下還是早先那個粗俗的樣子。」

聽著他們的對話，哲學先生微笑的點了點頭。他大概知道前半的道理大家都明瞭了，所以就直接說及後半的道理：

「追求名聲或權力的底限，就在當事人有能力從別處獲致替代物，比如學問或才藝表現，他才有可能止步；否則仍會執迷到底，最後則以遭人抵制或剝奪而喪失殆盡收場！」

「我知道了，」這回換二毛在搶風采，「那些戀棧權力和名聲的人，都是人格缺了一角，像我就不會。」

「你是缺了二角，」膨風跟他對槓了起來，「當然沒有能耐跟人家競爭；不然你也早就成為自治小市長候選人了！」

無端被人數落了一頓，二毛緊閉雙唇不吭聲了。還好有哲學先生立刻將話題移開，才化解了一場尷尬的情緒對峙。

「金錢或利益的追求更值得重視，」哲學先生接著說道，

「如果不設定底限，勢必會變成社會的亂源……」

「可是沒錢就無從過生活！」九孔打斷哲學先生的話，「何況有些人攢錢是為了養家活口，裏頭有個無底洞，怎能自設底限？」

「把過多的欲望減去，」哲學先生解釋著，「自然就知道在什麼時候應該要適可而止。」

哲學先生說完，從皮夾掏出一張千元大鈔，然後自我寓言

著：

「在我還沒有好好支配這張鈔票前，我不會急著去賺另一張鈔票，這就是對底限的自覺。」

我們好像懂了，又好像不懂，只覺得哲學先生手中那張現代孔方兄很吸引人，剎那間不禁幻想著現在它是在自己的口袋不知道有多好。我的筆記簿就差點跟了上去，被我瞪了一眼後才斬斷那個念頭。

52. 校內的供需問題

我們都沒有謀生的經驗，向來對財物的支配也僅限於家人給的零用錢，實在無法體會哲學先生所說的底限意義。倒是每天經過學校合作社，看到琳瑯滿目的貨品在那邊刺激消費，購買者川流不息，煞是熱鬧，而教人不由得要思考一個供需合理化的問題。

「欲望帶動需求，」哲學先生說道，「需求帶動供應，供應帶動對資源的消耗，對資源的消耗引發地球匱乏的危機，危機留給人類面臨滅絕的苦果，這很明顯是一條不歸路！」

「那合理化的情況又是怎樣的？」燕子代大家發問。

「降低欲望，」哲學先生答著，「讓供應鏈自動鬆弛，以便緩解資源的消耗，而避免釀成匱乏危機及威脅到人類的生存。」

「所以說胖子你不能再帶頭去合作社血拚了，」螺仔善意的提醒，「不然得抽你肥胖稅來彌補臭氧層的破洞。」

「我只不過多吃幾塊麵包，哪會扯到什麼臭氧層破洞！」胖子為自己辯解著。

「種麥子的農夫和做麵包的師傅都會進入冷氣房休息，所耗掉的冷媒不就是臭氧層破洞的元兇！」螺仔搬來一堆常識回應。

「即使不影響臭氧層破洞，」四喜也乘機軋一腳，「你耗能多仍然會造成溫室效應，還是少吃減肥的好！」

「好嘛，」胖子半嘟著嘴答道，「冬瓜、膨風、九孔、二毛、牛心，以後你們就自己去排隊，別再叫我硬擠進去搶購了！」

胖子無意間把他們那一掛全抖了出來，害得對方紛紛低下頭不敢看人。哲學先生瞧著這有趣的畫面，帶點喜孜的表情總結道：

「欲望成癮不到臨界點是可以降低、甚至戒絕的，像印度有些瑜伽師或我們社會少數嘗試辟穀的人，走的就是這條路；即使不然，大家也可以在減卻欲望過程中享受到零負擔的自由。」

哲學先生最後這句話有點玄奇，我們參不透，也無從問起，只好暫時把它擱著，而將時間用來討論先前閱讀哲學書所積存的一些問題。

大夥以最快速度，各自翻出論者有關貧富判別所顯現的見地摘錄，如「貧窮是最糟的暴力形式」、「富裕比貧窮更有礙天份」、「沒錢，越要注重品質」、「產生貪婪的是富有而不是貧乏」和「在守財奴眼中，金幣比樹還美麗」等，希望有人能夠親身驗證。結果沒有一個說得出自己應了誰說的話，迫使哲學先生再度大費唇舌強為我們解惑：

「這些都是在暗示節制欲望而守貧避富的重要性；否則當貧窮變成發動欲望的起點或富裕促進了欲望的伸展，那整個世界就岌岌可危了！」

哲學先生三句不離本行，沒輒了。看來我也只能不甩筆記簿的抗拒而胡亂謅它一句：「欲望，欲望，多少罪惡假汝之名以為之！」

53.社會病的不輕

哲學先生對我的筆記簿上「沒輒了」三個字有點敏感，反問我「有輒」會是怎樣一種情況？我說物質欲望確是要減到最低，這是無可奈何的事；但也得有精神需求進來填補，不然人會茫然空虛而失去存活的意義。哲學先生同意我的說法，並且在了解我會建議大家用文學美化環境和人心後，他也有個新的想法冒出來。

「沒輒了，」哲學先生襲取我的話說，「世人過度謀求物質福份，導致地球資源枯竭、環境惡化、生態失衡和核武恐怖等後遺症無法解決，倘若不趕快轉移焦點而改往實際能保障永續經營的途徑去發展，前景就真的要萬劫不復了；而這有可能被規模完成的道路，就是文學、藝術和其他美事的廣為傳揚……」

「還有哲學，」四喜不等哲學先生停頓就先補了一句，「只要大家有一顆哲學腦袋，就不怕物質生活有多艱難了。」

「是啊，」二毛也假惺惺的說著，「就像我們都快可以憑哲學來止住飢餓！」

「你別亂消費哲學，」山豬針砭他的發言，「應該說是哲學會讓人知道怎麼分辨物事的合理性，而不是要你拿它當食物。」

「也就是說，」牛心附和道，「挨餓事小，不明白什麼原因必須挨餓事大，哲學正是要告訴你進退的道理。」

哲學先生聽完兩造三方的辯論，頗為欣慰，而以一句饒有餘味的自證話作結：

「我曾有過沈醉於思考哲學問題而忘了吃飯的經驗，那種未進食卻有飽飫的感覺到現在都還鮮明得很呢！」

我們不太確定這是在支持哪一造的說法，所以也就「姑妄聽之」而不去詳究。比較重要的是，不斷重複出現在我們周遭的政治衝突、社會動員和經濟抗爭等亂象，叫人每天活得提心吊膽，駭怕一不小心就會引起暴動或大肆破壞，而無家可歸！哲學先生說這根本原因在於意識形態的不容妥協。

「意識形態是一套思想觀念，」哲學先生解釋著，「它深到籠罩一切這種世界觀，淺到走路向左向右一類立場，人一旦互有信守，衝突自是難免。」

「那前面講過的權益分配不均那項原因要歸在哪裏？」阿西問道。

「它看似可以置前，」哲學先生答著，「其實遠不及意識形態各自堅持那般足以決定一切。」

「我懂了，」冬瓜又在故作驚人狀，「就像左派人士激進，右派人士保守，不論在什麼地方，只要一言不和彼此就會大動干戈，反而不大有人去爭他是否吃到了蛋糕。」

冬瓜這話顯然有「跳躍思維」成分，但眾人卻管不著了，只一逕撿起他的話尾大嚷道：

「今天放學回家我不靠右走了！」

「我們都改走左邊好啦！」

連走路都在選擇走哪一邊，可見這個社會病得不輕。我的筆記簿說它也想使一次性子，不跟我配合演出了。我回它：「你有膽就試試！」

54. 互動新標章

除了意識形態相左和權益分配不均，還有哪些因素會造成人間社會紛爭不已？這是我們很想再後設思辨一下的地方，也盼望哲學先生有高見可以一併告知。今天他就摸透大家的心思而挑激似的問道：

「你們可有新的看法？」

「信仰。」黑面率先說道，「一個信上帝，一個信佛，一個信道，他們絕對不可能同桌吃飯。」

哲學先生點點頭，表示讚許。

「愛情。」胖子接著說道，「不愛江山愛美人，大家都聽過吧！連江山都可以不要，你搶他愛人，他不拿刀槍跟你拚命才怪哩！」

哲學先生一樣點頭表示認同。

「尊嚴。」山豬隨後說道，「你罵他孬種或白痴，他鐵定要邀你決鬥！」

哲學先生還是點頭表示肯定。

「不懂哲學！」瘦猴突地插入一句話，「你們說的那些都不及這個原因重要……」

不必額外追究，我們也知道只有瘦猴一人道中世上所見衝突的癥結，頃刻間大家都回過頭以十分欣賞的眼神看著他。哲學先生這時也卸下心防，從新審視這個曾經跑過野馬的現代宰我。不，應該說他比孔子弟子宰我好一點，因為他不會在課堂上打瞌睡，也沒有設計為難過老師。

「這回瘦猴你可跩啦，」膨風半戲謔的說，「宰我要對你甘拜下風了！」

「哲學先生也不必再暗自像孔子那樣氣你氣到吹鬍子瞪眼睛嘍！」二毛也學人拍起馬屁。

只是他所擅自增添的成分被抓了包，眾人一起噓他：

「哲學先生修養好得很，哪像你說的那麼不堪！再說你什麼時候聽人講孔子會這般失態？」

二毛自是沒話可辯解了。而經過這意外的嬉鬧，哲學先生似乎胸有成竹的預知接下來會發生的事，所以就先模擬一道難題測試大家：

「既然這樣，那麼人要怎麼互動才能維持和諧的關係？」

大夥把阿海、蜈蚣、小金和田雞等人推出去接受挑戰，並且限定他們一人只能講一件。這是小玲提議的，因為她喜歡聽他們分析道理卻又擔心他們講太長會引來睡魔。決議通過了，他們四人略作商量後就分別依次說道：

「意識形態相左只能靠包容。」
「權益分配不均必須有人禮讓。」
「信仰或愛情或尊嚴因素作梗有待當事人自我淡化紓困。」
「不懂哲學無解而懂了就有解。」

他們有的將哲學先生的識見如數重現，有的加進了個人的領會，有的無奈給出一個話頭，但同樣都獲得了大家的讚賞。

我的筆記簿說它終於找到了「互動新標章」，準備帶去街口放送。我沒理由不首肯，只是前提它得自己行動，我奉陪不了！

55. 科學風

連著幾天電視新聞都在播報即將有日蝕的消息，腦筋動得快的人已經在串連要用老方法辦一場拯救太陽的行動。哲學先生一早到校，看見教室內擺滿鍋盤盆罐並沒有被嚇著，反而帶著幾分會意的微笑隨我們在等待那一刻的來臨。

將近午時，大夥瞥見外面有人頭竄動，知道日蝕出現了，立即抓取備好的器具一起衝向操場，對準上空一陣猛力敲打，兼喊聲震天。原遮眉或戴墨鏡在仰看奇景的其他人，此刻都圍過來詫異的覷著我們的陣仗，一邊驚呼，一邊說風涼話。我們隱約聽到「他們是不是瘋了」、「我看他們沒救了」和「還好我們沒有學哲學」等零碎聲音。

大夥不理會他們，仍然賣力的敲打喊叫，直到天狗吐出太陽為止。返回教室時，哲學先生站在門口迎接我們，順便問了一句：

「這次得到了幾個瘋子的封號？」

「很多！」胖子隨口代為答著，「不過，我覺得他們看人的樣子才像瘋子！」

「只要想到天狗被我們趕跑就很爽，」冬瓜補充說道，「哪管旁邊是不是有瘋子在看熱鬧！」

拯救太陽的行動雖然結束了，但我們並沒有那麼輕易就放它過去，相關的後設思辨才要上場。

「科學家心裏容納不了一隻天狗，難道我們准哲學家也要跟他們一般見識麼！」這是九孔的結論。

「日蝕和天狗食日都是同一方吃虧，我們准哲學家應該比科學家有同情心一點，前去拯救吃虧的一方。」這是牛心的連結。

「凡是別人猶豫不敢做的事，我們准哲學家勇於去嘗試就對了。」這是四喜的發現。

後面這一說法，也被解讀為「這樣想成名也比較快」，一時間大家都忍俊不住而狂笑了開來。哲學先生靜觀這一幕已久，他好像不急著要評論什麼。等我們發言告一段落，他才說道：

「科學家只負責探索宇宙，宇宙有問題，他們多半選擇旁觀，相關的解決方案就有待哲學家來傷腦筋。」

「那哲學家豈不是要累癱！」胖子聽後憤憤不平，「你看連個天狗食日都叫哲學家去吶喊敲打，這也太不公平了。」

胖子故意將天狗這大家所明知的虛有物掛在嘴邊，看會不會額外搏點掌聲。不料大夥體力透支過多，真的有些疲乏了，沒人提得起勁跟他演雙簧，只希望哲學先生快點介入接走話題。

「是啊，」哲學先生看清情勢終於開口了，「科學家說得太多，而哲學家實際能夠提供意見的又太少，彼此既不對等又缺乏溝通管道……」

「你的意思是哲學家並沒有累癱，」胖子急著表達自己的見解，「這樣就讓科學家繼續去鑽研他們的宇宙好了，我們未來的哲學事業自動閃一邊，不跟他們交會。」

「沒那麼容易，」哲學先生接著說，「科學風早已吹得全世界猛打冷顫，哲學家再袖手旁觀，就要一併被刮得沒有衣物可蔽體了！」

哲學先生肯定還會有話要說，只是已到用餐時間，大家必須先解決民生問題，辯難就移到下回合了。我的筆記簿同意這個提議，它不經協商就自行呈現一大片空白。

56. 人類只有一個地球

「科學風早已吹得全世界猛打冷顫」，哲學先生這句話事後想起，我們都還會不由自主的哆嗦著，畢竟長期以來不斷地聽到「地球發燒」、「大崩壞」、「浩劫來了」……等後科學時代的警訊；而每天眼見灰濛濛的天空以及耳聞各種毒害變故的慘劇，也著實很難再給人一絲對未來的樂觀期待。

今天的接續討論，就在一片「往後大概只能坐以待斃」的哀嘆聲中展開。螺仔順勢問了一個頂不願它存在的問題：「既然已是世界末日了，為什麼科學還在向前奔馳？」

「這得分兩個層次來說，」哲學先生答道，「科學原只是在研究大自然，是人類自作聰明把它轉成技術；而技術被用來開發建設空間，空間承受不了，各種後遺症就紛然浮現了。此外，科學在西方人與作資本主義後更變相地被促動著；只要資本主義一日不停止，科學就不可能自動緩和下來。」

哲學先生舉量子力學為例，說它先被用於製造原子彈炸毀日本長崎和廣島死傷數十萬人，後被用於裝設核能電廠和發展核子武器等隨時都會爆發全面性的滅絕災難，這裏面就約略有該兩種因素在制約著。

事實上，現今仍在流行源自生物學和資訊學的遺傳工程和網路科技等所帶動舉世瘋迷的浪潮，危險性恐怕更甚於前者。這是燕子接在哲學先生後面補述的，有力證據就是那基因改造和複製正在破壞生態，而大數據和第五傳媒行動電話也正在摧毀人性。

燕子語音剛落，桌上擺有手機的人都心虛的將它收進抽屜，並且顯出一副準備告別那心愛物的絕決態度。哲學先生沒多表示什麼，只淡淡的說道：

「今後當你儲備夠了謀生和成就自己的相關本事後，才有可能不必仰賴那些科技……」

「意思是現在我們還用得著，」胖子一邊搶話一邊興奮地取出他的手機，「再說已經花錢買了，不用它很可惜！」

「你就是斷不了奶！」山豬忍不住奚落它，「每次都急叩家人送來食物。我看你不但需要科技，還需要一個全天候的保姆。」

經山豬這麼一揭發，胖子又把手機塞回抽屜，同時以他的人格擔保，此後再有類似舉動，隨便大家罰他請吃冰淇淋或蛋糕。

「我們怕胖不吃那些，」小魚愣愣的迸出一句話，「你把新的遊戲軟體拷貝給我們就好了。」

完啦，才說到要戒絕科技的誘惑，怎麼又一頭栽了進去？我的筆記簿說它得矇上眼睛以免看見這一幕，因為它已經註記了「人類只有一個地球，而科技即將教它消失」這句沈痛無比的話！

57. 請神出動

很明顯哲學在此地遇到了一次挫敗，這從大家環顧周遭儘是電腦和各種電器產品後更加確信無疑。哲學先生說哲學正因為有這種無奈，所以越發證實了它的重要性。

不等我們質問這話中是否欠缺邏輯連繫，哲學先生已備妥說詞在自我釋繹了：

「目前哲學在拯救世界上固然效果有限，但它始終不離不棄地發著宏願，也極力在批判科學的危害。試想當別的學科儘是想沾科學的邊而只有哲學在對抗科學的凌駕，給人信心還有此一思維形式可以迎向未來，不正顯示了它的重要性麼！」

哲學先生所謂別的學科想沾科學的邊，這從學科的劃分來看，已有比照自然科學而自稱人文科學或社會科學的，早就足以據為一窺究竟；此外還有那些學科都不曾想過要反向檢視科學的潛在盲點，只一味的附和跟進而造成思維的單一化或貧乏化。

「科學不是堪稱一種典型的理論結構，」阿西突然想起先前哲學先生有過的暗示，「它解釋自然現象所呈現的命題歸結形態一直都有人經由實驗加以證成，為什麼現在反說它不可信了？」

「問題就在它的命題歸結上，」哲學先生回應道，「那只不過是蓋然真，但證驗者卻常將它膨脹為絕對真，並鼓勵別人去運用推廣，所以就會越搞越糟，連純理論形式自身還有的一點美感都會反過來被憎惡而蕩然無存！」

哲學先生就以愛因斯坦狹義相對論的公式 $E=MC^2$ 為例，說科學家無不認為它美極了，但這對哲學家來說只要聯想到它一起被運用於製造原子彈殺人，就會寢食難安而恨不得它不曾存在，完全苟同不了科學家的自我催眠作法。

「那哲學的無奈本身還有得化解嗎？」螺仔緊接著追問道。

「有，」哲學先生答道，「繼續行所當行，並且勇於批判科學的不是。前者因永遠懷抱希望而自顯光華；後者因志在導引人心趨向而有機會被欽仰。這樣該暫時性的無奈就可以從此一雙重成就中穿出，自行化為一股煙霧飄逝。」

在勇於批判科學的不是部分，哲學先生再舉愛因斯坦廣義相對論所謂時空彎曲作例子。他說那僅是被觀察過一次其他恆星光線經過太陽附近有偏移現象，就自奏凱歌宣稱時空在重力牽引中會彎曲，全然不顧所選取的工具和觀測的角度以及光線行經地整體的環境等變數。這麼一來，凡是想將該理論推及其他而強要它發揮效用的，豈不是在誤己誤人。

哲學先生說到激動處，還用拳頭搥了搥桌面，一副雅不願跟科學家同列的模樣。那是十九世紀前科學尚未從哲學獨立出來時的情況，如今科學自行脫隊去了，哲學正好可以不客氣的指摘它盲動妄為。以至哲學先生的氣憤，就有了慶幸不跟哲學家摻雜和能自主揪舉科學缺漏質變等雙重意義。

「可是哲學現在變成弱勢了怎麼辦？」捲毛憂慮的問道。

「靠大家的努力，」哲學先生手心朝上迎向我們，「有朝一日，看能不能讓它轉為強勢！」

我知道這是一條漫漫長路，不確定終點會在哪裏。倒是我的筆記簿想到一個對策「請神出動」，也許有祂們幫忙，改變哲學的命運會快一點。

58. 宗教給人希望

哲學先生看到我的筆記簿內「請神出動」一語，不覺莞爾一笑。帶到課堂上，他說不得已還真的要請神來仲裁，才可望獲得合理的解決。

「不過，」哲學先生改口說道，「神都被宗教擁護著，而有的宗教已被利用變成科學的幫兇！」

「這麼嚴重？」冬瓜著急的像什麼，「那還是別讓神出面；不然祂們不知道要幫助哪一邊！」

「宗教可以給人希望，」哲學先生分解著，「也可以教人失望，但這未必都跟背後的神有直接關係。」

「那神的存在有什麼意義，」牛心也有困惑，「祂們不是比人有能耐，怎會被使弄來使弄去？」

「我看祂們是懶得管閒事，」胖子的想法跟別人不同，「只在必要的時刻才介入調整一下秩序；否則處處干涉現實事務，祂們跟凡人又有什麼差別！」

「但也不能老是跑去睡大覺，」二毛說著毛了起來，「徒讓人乾焦急，求助無門，這樣祂們還算是神嗎？」

「你們怎麼又都知道了，」輪到小玲有話要說了，「神一直都在監看著，也不斷出手懲治不肖者，只是大家感覺不到罷了！」

大夥討論了老半天，彷彿都搆不著邊，也沒得求證，看來只有等哲學先生給一套說法了。

「還是說宗教，」哲學先生擺出了立場，「教人失望的宗教得優先予以戒絕，因為它有意無意的把人間社會推著往險巇境地走去！」

哲學先生所說的正是道地的西方一神教。它先將上帝萬能化，然後繁衍出創造觀這種世界觀，信徒從此就逐漸據為行動準則，極力於自度仿效該上帝的造物能耐去創造發明器物，終而耗用了地球上的資源，也留下了荼毒環境和危及生態等無窮盡的後遺症。

相對的，東方的宗教如倡導緣起觀的佛教和倡導氣化觀的准宗教儒道二家等，都以守護既有一切的姿態在面世，信徒從未見企圖征服自然而以所摶造科學成就榮耀上帝一類的行徑，也不可能像一神教信徒那樣矯為發展出快速致富的資本主義來顯示另一面希冀上帝赦罪的本錢。後者是那些信徒相信他們的始祖違背上帝的旨意而被貶謫到塵世，該罪惡代代相傳到自己身上，使得他們必須藉資本主義手段來尋求救贖，並且跟前項科學精研合謀而不斷強化它的力道。不意這導致了如今舉世瘋狂耗能釀禍的慘況，恐怕連那背後的上帝也要徒呼負負，全然無法消受信徒給祂的這類禮物！

「那為什麼流行非一神教的地區也會搭上全球化的列車？」阿西疑惑的問道。

「最先被武力脅迫迎合，」哲學先生答著，「爾後自我迷亂於對方相關物質福份的締造，最終一起騎虎難下的相互搶奪世上有限的權益。」

「這樣還能寄望誰？」阿西繼續問道。

「非西方宗教，」哲學先生二度答著，「希望它們復振來挽救頹勢。可能的話，也得聯合起來規諫西方一神教悔悟退卻，讓地球得以休養生息！」

我的筆記簿忽地嚷了起來：「那哲學要幹什麼？」我回它：「教宗教怎麼改向！」

59. 語言遇到了災難

宗教的神聖性，在於有一個超越的實體可以被仰望；而該實體不論是一神教的造物者上帝，還是佛教的絕對寂靜境界佛，或是儒道二家准宗教的自然氣化過程道，一但有人信守而形塑出世界觀這一最高級序的意識形態，就會逐漸深駐且影響他的行事。

哲學先生把前面提過的聖、世界觀和意識形態等概念整合起來作了上述這樣的總結，剎時間大夥一起轉身看著小玲，想從她身上發現一點信仰一神教常見的那些跡象。

「別看我，」小玲察覺了先自我剖白，「我只跟著大人作些禱告懺悔的動作，此外就一無所知……」

「這表示你是另類，」四喜逮著機會在大發議論，「完全感受不到西方同樣信仰上帝的人那種戡天役物的嗜好，也從來沒有興趣發展出征服別人的欲望！」

「還有你本有的注重和諧人際關係的體道合道氣息也沒有喪失。」螺仔隨後追加此項論斷。

從這件事我們彷彿就要悟出一個類似「橘於淮而為枳」或「原文化印記恆在」的道理，但為了不干擾各人的信仰，並且留給小玲自省調整的空間，所以討論就此打住而不再深入探究。哲學先生也沒多作表示，有關宗教的事就這般的放它過去了。

縱是如此，大夥對於那些新增的概念仍然有著「尚未通透」的憾恨存底，尤其在最後一節社會課哲學先生有事半途離開，聽見捲毛帶點惶惑神情道出他跟鄰居一位大學生的對談情節後，大為爆發開來。

「那位大哥哥知道我們在談真善美聖這些概念，」捲毛十分焦慮的述說著，「直斥大家虛浮不知道自己在白費力氣！他就以翻字典為例，說當你查到一個概念的涵義後，還要再查該涵義的涵義，這樣追究下去沒完沒了，導致任何概念都不會有中心意義，更不可能見到它的最終意義……」

「照他這麼說，」黑面也憂心忡忡了起來，「真善美聖根本沒有一定的意義！」

「那慘了，」九孔更是不知所措，「我們討較認定了老半天，不就全破功了！」

捲毛還轉述那位大學生的話說，那就是西方解構主義學家所指出的「延異」觀念：語言的意義不斷在延伸中，而每延伸一次都會製造差異。好比真指向非虛假，而非虛假又指向不作偽，然後不作偽再指向沒謊言……依此類推，所有的語言意義都不可能停留在一個特定點上，而我們的認知從此也勢必要失去著力點。

這一發覺非同小可，教室內頓時哀號嘆息聲四起，大家宛如陷身在茫茫大海中，渴望著有人及時趕來救援。我的筆記簿也不禁自行加註了一行字：「語言遇到了災難，我們不知道何去何從！」

60. 斷胡說

一早，大夥失魂似的呆在座位上，不是垂頭喪氣，就是兩眼空洞的望著前方。哲學先生進來察看過我的筆記簿，約略了解事情的原委，沒多加安撫就以堅定的語氣說道：

「語言的創設和使用全然不是解構主義學家所說的那樣。道理很簡單，我們只要反問對方你所謂的延異是否也要延異，他如果說是那就不能反指別人語言的意義不確定；他如果說不是那表示有一些語言的意義是確定的。不論怎樣，緣於共同的約定，語言一經說出或寫出，就註定要為傳達意義而存在的。」

「可以再說細致一點嗎？」阿西好像聽出了哲學先生話裏有不連貫的地方。

「人創設語言有指涉和內涵兩種意義已是共識，」哲學先生補充說著，「當中內涵意義固然會在使用過程裏產生歧異現象，而連帶促成指涉意義的變遷，但這都無損於語言是有意義的定見。」

「就像我們討論過的飯桶，」胖子機伶的搶在前頭印證哲學先生的話，「它可以由實物轉為象徵英雄的飯量大，以及隱喻某些人只會吃飯不會做事，而彼此所指涉的對象都鮮明可見。」

「這一部分先被結構主義學家排除了，」哲學先生接在胖子的話尾分析道，「後來解構主義學家就沿襲該方式且一併將結構主義學家的語言有一定內涵觀瓦解掉。殊不知指涉意義被排除已不恰當，而所增加內涵意義的延異說也不能成立。」

「可是我們查字典確有解構主義學家所說的那種內涵意義不確定現象，又要怎麼說？」螺仔仍然不死心的追問著。

「實際創設語言或使用語言的人不會讓這種情況發生，」哲學先生答道，「包括解構主義學家自己所說的話在內，都是一個樣：自我限定內涵意義或由語句脈絡限定內涵意義，不可能歸給字典去決定……」

「倘若接受者不認同該限定，怎麼辦？」牛心打斷哲學先生的話問道。

「接受者有權另行限定，」哲學先生答著，「只是創設者或使用者可以包容但不一定要迎合或遷就。」

「就像解構主義學家在胡說，」二毛也搭了話，「我們聽聽就好，不必跟著他起舞。」

二毛這「胡說」一出，讓許多人都鬆了一口氣，原來語言遭遇災難只是一場誤解。我的筆記簿說它幸好又可以大膽講話，因為胡說已經被哲學先生斬斷而百無禁忌了。我半呼應他：「有道理。不過，還是小心一點比較好！」

61. 啟蒙外的啟蒙

「還是小心一點比較好」這句話是我直覺到的，不意卻被哲學先生記在心裏且默唸了好一陣子。我原先的想法是，解構主義風行了數十年，理應還有東西內隱著沒被發掘，現在如果就這樣將它棄絕，那會不會是一種損失？

「沒錯，」哲學先生把我的疑慮帶上課堂解釋著，「前面的批判只針對語言遭受不當誤解而出示的，實際上語言可討論的層面有不少是得自該系統的啟發，我們得虛心一點，以免太早否定而迫使自己喪失反思的能力。」

這主要是從結構主義興起以來，所影響哲學的就盡在語言本身著眼，極力於探討意義的課題，哲學先生說這就是所謂「語言學的轉向」。因為哲學是由語言構築成的，倘若隨順後出的解構主義所述該語言沒有了一定的意義，那整座哲學大廈就會轟然垮掉；以至謹慎因應來自該系統的挑戰，也就成了確保哲學存活的一大契機。

「這不是很好嗎？」二毛快適的嚷了起來，「讓語言一直沒有意義下去，那我們就不必考試啦！」

「你這是哪門子論調！」九孔衝著他帶點不解的語氣。

「想想看，」二毛繼續申辯道，「不論考卷怎麼出題，我們都可以援例宣稱該試題的意思無限延後，於是不作答也等於作答，這不就形同沒在考試了麼！」

「最好學校都是解構主義學家辦的，」冬瓜封了他一個穴道，「這樣就能稱你的意了。」

「還有教育局、教育部、甚至總統府也得這樣！」牛心跟著加碼進擊。

「最重要的是看卷子的老師容許你不作答而給滿分。」胖子居後撓著了癥結點。

此刻大夥紛紛轉向看著哲學先生，期待這最末的辯詰他能給個說詞。

「換作我，不會出是非、選擇、填空一類的題目給人作答，你們自然沒有機會搬出語言無意義論來挑釁。」哲學先生這麼回答。

「但你如只出申論題也一樣。」大夥還是不放過他。

「不然！我會提供空白紙，請你們出題考我……」

我們敗給哲學先生了。他這一反將，不僅眾人大為驚顫，恐怕連教育體制都要自行震盪，畢竟語言無意義論真要成立，那所有的文化構作全得幻化為大海中的浮漚，而人類也將四處流移飄散，無所止歸！

還好這一切都不是事實，現實中各種權威依然在左右著語言意義的流動，不會那麼輕易就被覷著罅隙而從中翻攪開來。

「雖然如此，」哲學先生作了結論，「解構主義學家的講法仍舊有正反向敦促大家省思權力行使的合理性一項功能。在正向敦促方面，所有創設或使用語言的個人或羣體，必須從新認知語言的內涵意義部分有可能存在無限延後現象，而反過來自我檢肅強為限制該內涵意義增衍的權威本身是否過當；而在反向敦促方面，解構主義學家自己也不合將所塑觀點無限上綱，以新權威姿態阻斷對反意見的表達；否則一旦誤導了他人，屆時就什麼事也無法再有效考慮進益或伸展的問題了。」

我的筆記簿說它也受益了：從前次到這次就像經歷了一場「啟蒙外的啟蒙」，過癮極了！

62.留一塊給自我教育

語言學的轉向，給了我們新的啟蒙；而哲學先生的一番論述，更額外教導我們避免誤入歧途，這是最近一波的收穫，已經在教室內引發不少回響。

「語言意義的流動既然由有權威的個人或羣體在左右，那我們還能做什麼？」阿西把他積存的困惑說了出來。

「合理的接受，」哲學先生答道，「不合理的伺機給予批判；不然就權衡輕重緩急，看要妥協或離棄。」

「妥協或離棄如果難以抉擇，又該怎麼辦？」阿西繼續發問。

「照理這不會變成兩難困境，」哲學先生澹緩的說著，「認真考慮，還是可以選邊依靠……」

哲學先生才點到這裏，座位上早已在醞釀一股濁重的不平聲，第一時間先從捲毛、黑面、九孔和牛心等人的嘴巴迸出：

「以前我們不滿老師某些講法，還不是得乖乖坐在教室裏！」

「每次考試都很無奈在填答，想更改分數也由不得自己！」

「沒做錯什麼事，卻老是要聽主任校長訓話，站在操場頭皮被太陽曬到發麻！」

「上級隨便弄個政策，學校就強迫我們配合執行，像科展、學習單、自我評量一類有的沒有！」

哲學先生靜靜聽著眾人的牢騷，眉頭不覺皺了幾下。他大概知道這時介入安撫已是多餘，所以就變換另一種說法：

「站在別人嫌矮的屋簷下要學會低頭；等哪一天自己也蓋了房子，記得將它挑高，好讓他人能夠自由出入。」

我們不確定這是不是現階段較好的哲學思維，只覺得教室的氣氛突然凝重到叫人開心不起來。最後僅剩一些強作解嘲的聲音盪漾著：

「我都無所謂，兵來就將擋，水來就土淹。」

「我也是，看不慣的，就去電動遊戲裏發洩。」

「不然就跟野狗辯論，這是我找到永不吃虧的策略。」

說話人分別是二毛、胖子和冬瓜，他們一席話從新逗樂了大家，連哲學先生都轉為眉開眼笑，隨後有感而發的搭了一句：

「哲學倘若也能教人怎麼變得有骨氣，那你們顯然已經跑到邊線在掙扎了。」

這句話看來似貶實褒，那是對我們懂得運用哲思的肯定；至於究竟要如何因應這千變萬化的現實環境，恐怕還得由各人視情況而定，哲學先生諒必也無從給出確切的答案。

我明白啟蒙教育不能全部靠別人，所以就準備在筆記簿上註記「留下一塊給自我教育」，其餘空白。筆記簿反駁我：「不行，你得把具體辦法填進去。」我答道：「你有把握，不會自己來！」它說：「那是你個人的事。」我回應：「誰叫你是我的分身，得多擔待一點。」它又說：「那你這個本尊要幹什麼！」我答：「對你發號施令。」

63. 從哪裏來又往哪裏去

近期內恰巧有幾位同學家裏在辦喪事請假，教室冷清了不少。哲學先生乘機帶出一個生命和死亡的意義課題，看大家可以後設思辨到什麼程度。

「生命如果是上帝創造的，那它註定要有一段塵世波折的旅程。」

「因緣和合的也一樣，不斷地流轉就成了每一個人的命運。」

「換作是精氣化生的，也得完成那一世的體道合道任務才准離去。」

大夥所累積有關宗教的知識，此刻都派上了用場，只不過沒有人敢挑明他決定要過哪一種生活，畢竟擺在眼前的仍是一條潺湲奔竄的生命溪流，無法停留，也難以望遠。哲學先生或許看出了我們的疑慮，就以先進的姿態說出底下這段話：

「曉得從哪裏來就往哪裏去，這是知命的作法；不曉得從哪裏來而想往哪裏去，這是拚命的作法。既然你們都已搭上了哲學的列車，應當知道後面這條路比較切合心意，不妨盡力去實踐看看。」

「這是不是說生命的源頭只是推測，」燕子若有所悟的說，「放著不理會也無所謂，比較重要的是衡量自己的興趣和能耐，而勇於去開創未來的事業。」

哲學先生點頭加以肯定；他似乎想再多給一些解釋，但已有幾個人爭著要發言。

「知道從哪裏來而不想往哪裏去的，又怎麼說？」牛心懷疑道。

「還有不知道從哪裏來也不知道往哪裏去的，也很可疑！」九孔評論道。

「我們明明曉得有路可走卻又躊躇不決，這又是屬於哪一種情況，誰能告訴我！」冬瓜憤怒道。

在這種場合，意見分歧已是司空見慣，哲學先生也無心強為仲裁，他僅以「哲思開始最好也以哲思收尾」的一貫語氣說道：

「帶著哲學往前走，遇到坑坎再哲學一下，不行就折返從新找轉進的方向；只要有哲學引導，你想迷途都難！」

「就像我們現在這樣，」胖子終於逮著機會要發表高見了，「都還不知道明天是怎樣的日子，卻已有心理準備要去迎接各種可能的挑戰，即使意外受挫了也不怕，因為大家身上早就安了一張哲學護身符。」

「連講話抽象空洞跑野馬也沒有妨礙，」四喜跟著偏行開了一個玩笑，「很快的哲學就會把它搶救回來。好比各位那些高來高去的談話，哲學既可以判斷它語意難以捉摸又很容易叫它降低抽象程度好讓人明白。所以不管怎麼樣，只要有哲學，大家就放心去幹事吧！」

這彷彿是全體都可能的「夫子自道」，卻被四喜一個人先行攫住了，原本是要對他說些佩服的話的，但另一個聲音倏地飆起而轉移了大家的注意力。

「如果你們也能請哲學告訴大家明天要怎麼哲學，我就服了你們！」說話人正是大姊大。

是噢，哲學差點就淪為眾人的口頭禪了，再不轉回正題，恐怕連哲學都不肯原諒我們了。這是我的筆記簿的感言，我挑激它：「你犯了一點循環論證的毛病！」

64. 生命等待它發出光熱

宗教保障了生命從發端到結束整段旅程的小確幸，大家可以不疑有它安穩過完相應的一生。但此中還有唯物論、懷疑論和不可知論等會破壞它的和諧性，導致思考人生仍會是一件沈重的工作。這是哲學先生所有意無意透露給我們的，而他自己也作了這樣的表白：

「每次跟不相信有生生相續的唯物論者爭辯，或反駁懷疑論者對生命來源的質問，以及拆解不可知論者的懶怠想法，我都有一種身心俱疲的感覺。假使他們有更好的活法也就罷了，偏偏他們又多是一副伊壁鳩魯式的窮開心，幾乎不把生命的進趨當一回事……」

哲學先生話中省略的部分，是在詆斥那種對話太過耗費時間；而他所指伊壁鳩魯學派一類的瞎享樂，則有案例為證，它們分別出自兩名該學派信徒的口說規條：「盡情吃喝玩樂吧，因為明天我們都會死去」、「我不信藍，也不信墨，只信煮熟烤好的肥閹雞；偶爾也信奶油、啤酒、葡萄汁，上面浮著烤蘋果」。哲學先生說這樣哪需要哲學，不如回歸純生物存在形態就好了。

「很明顯那是不可能的，」螺仔接著哲學先生的話後說，「因為我們都還有一顆腦袋，不用它來想東想西簡直比登天還難；而要想東想西，就不會遁入虛無一派！」

「當然也不可能在吃喝中還有辦法辨別出滋味來，」黑面附和的論述道，「如果刻意阻絕提升一個層次的哲學思維，就等於放棄身為人所擁有超生物的一切。」

「那一切包括信仰、愛情、尊嚴、權力……等等。」捲毛補了一句。

哲學先生看我們接續的說辭頗有行家氣派，欣慰的頷了頷首，並且略為加碼綜合前面曾經討論過的話題。當中一項是最早大夥所說的「我坐在這裏」、「我會思考」和「我知道走哪一條路回家」等，都是近於生物性的存在；另一項是後來哲學先生所說的「勇於當個哲學家或文學家或藝術家」，這則已超脫而進入精神性的存在，我們所要的正是此項。

「現在我終於知道了，」胖子信心滿滿的說道，「從生物性的存在到精神性的存在只是一個翻轉，轉得過來的人進入文化圈，轉不過來的人退回生物圈，而關鍵就在能不能善用哲思！」

胖子無意中作了總結，引來眾人頻頻點頭贊同。我的筆記簿自然也要反饋而附和加註一句：「是啊，生命所以為生命，不啻要等待它發出光熱！」

65.感靈不必涼辦

源於生命有特定的來處和去處，致使在這一世的肉身外另有一個靈體單獨存在可以穿越時空，這是宗教所發掘而予以肯定的。此外，不論靈體所從來的看法如何分歧，他或祂們都具備思感等能力而成了生命的主體。

「我聽過有瀕死經驗的人都會在飄離肉身時察覺到自己不動的軀殼，」捲毛率先作了證言，「可見思感等能力絕對是在靈體而不是肉身。」

「有些書提到有人研究癌末病人臨終時體重減輕20～40克，」小金也有相似的發現，「他們研判那就是逸失的靈體，而該靈體也從此被確信為有重量。」

「更值得重視的是世上有無腦人和無頭人，」田雞更取據一本題為《輪迴的故事》書的講法，「那些無腦人有的還是數學高手；而無頭人在他的癲病斷頭後仍可以飲食說話，這都證明人的意識只存在靈體裏。」

「所以有人在愛因斯坦死後把他的腦袋拿去研究就白費心機了，」阿海最後結辯道，「不但他的腦容量跟一般人沒有兩樣，而且也看不出上面有布滿什麼特殊的紋路！」

哲學先生料想不到我們的見解已到這一超凡的境地，以至就欣然省去重複講述的力氣，而直接再行補充一個有關靈體質性的知識：

「靈體在靈學研究者那邊，有的說是神識，有的說是內在宇宙，有的說是稀薄細微的物體，都嫌抽象難了；只有我們傳統文獻所說的精氣一系比較合適用來指實。」

哲學先生又說該精氣就跟人或物的形狀一樣，只是輪廓像煙霧略顯模糊；而因為是精純的氣（有別於漫布在空中那些駁雜的氣），所以能夠自由飛昇、快速運動和縮脹等（在投胎投物或化胎化物時先收縮再促使肉身物身成長而自行逐漸膨脹，直到原來的大小為止）。

「有人練氣功後能夠飛簷走壁，那又是怎麼回事？」阿西發問。

「他強化了自我精氣的能耐，把肉身帶著走。」哲學先生作答，並且補述道：「在古代還有一種情況，就是治煉金丹服下，將體內精氣護住不出離，也可以發揮類似的功效。」

「我明白了，」冬瓜宛如發現新星球般的嚷出聲，「聽說越南以前有高僧能盤腿在空中飛繞，原來就是練氣功造成的；不然也是服食金丹一類東西的結果。」

「那可好了，」四喜絮絮叨唸著，「平常在我們眼前晃過或從夢中飄過的人，究竟是他的靈體還是他的肉身，這就難分辨了！」

四喜的話已觸及一個感靈的問題，我的筆記簿急著發出預言：「那也不必涼辦呀！」我稱許它：「你倒挺伶俐敏感的嘛！」

66.神秘世界

感靈的問題剛浮現，教室內就熱絡得像沸水滾滾。大夥的注意力都集中到了山豬身上，因為他家開宮廟，而他也有感靈體質，相關的話題剎那間這樣爆發了開來。

「你每天要接多少通祂們的訊息？」

「看到祂們會駭怕嗎？」

「考試時祂們有沒有告訴過你答案？」

「祂們會跑到講臺上扮鬼臉耍白痴嗎？」

面對大夥雜七雜八的詢問，山豬一概微笑以對，並沒有試著回答什麼，只在眾人停話的空檔說出了一件事：

「祂們一直不放棄要找我當乩身。」

「你同意了嗎？」膨風問道。

「沒有。」山豬答著。

「那你用什麼拒絕？」換二毛問道。

「哲學。」山豬又答著。

哈，這招可嚇壞了那些外靈！據山豬私底下透露，祂們回去商量的結果，覺得他已被調教到難以掌控的地步，如果真的要霸王硬上弓，到頭來出糗吃虧的可能是自己，所以就漸漸地淡出山豬的周邊。雖然祂們跟山豬保持了距離，卻沒有減少大夥想對那個世界有多一點了解的興致，於是就將整個好奇心轉移到哲學先生身上，希望他也有類似的體驗可以傳授我們。

「那個世界應該比現實界複雜，」哲學先生應求道出了他的觀感，「裏頭有自然神靈，也有經歷過人體的鬼靈和經歷過物體的精靈或妖怪，他們合力所能產生的作用可能遠超過現實界……」

「是不是包括祂們可以製造颶風、地震、海嘯、洪水、氣爆、瘟疫等等在內，」阿西不等哲學先生說完就急忙的追問道，「這些災難都詭譎異常，而有些通靈人也會在事先接收到部分訊息，祂們果真有辦法這麼做？」

「還有連戰爭這種人禍也被討論過，」阿海接在後面跟著提問，「像拿破崙和希特勒這兩大歐戰發動者，就有文獻記載說他們也是不由自主，難道那背後確有一股神秘力量在迫使他們就範？」

哲學先生聽著，一個大頭不覺的點了又點。他可能在想大夥所了解的不比他少呵，那自己還有什麼話說？因此，他只得一邊以認同式的表情回應上述的疑問，一邊再行點出一個超出大家想像範圍的秘辛：

「人是比較受限的存在者，受控的機率相當高，等大家百年後脫卸肉身進入那個世界，再去探探到底是怎麼一回事；但也有可能屆時我們仍是那受限的存在者，畢竟裏面充斥著太多不同層級的靈，以及升格或一如凡塵的權益糾葛！」

「你怎麼確定？」牛心焦灼的問道。

「運用哲學腦袋去想就知道了。」哲學先生答著。

好耶，一個神秘世界被我們肢解到快要不神祕了！我的筆記簿不等我發號施令就逕自作起結論來，我沒轍了，只能任由它說了算。

餘韻未了，今天哲學先生就再帶出一個有被後設思辨潛能的巴斯噶式賭注課題。

這個課題的緣起是哲學家巴斯噶發過的宏論：賭上帝存在與否事關人的幸福，如果你贏，你贏得了一切；如果你輸，你輸不掉任何東西，那麼毫不遲疑地賭祂存在吧！

「比照這個講法，」哲學先生解析道，「眾靈的存在倘若不可盡棄而不信者硬是要全棄，那所有可能的靈擾或靈害後果就得他自己去承擔，孰得孰失，可以立判！」

「這是否也意味著可以不信萬能的上帝卻不能不信有本事不一的眾靈，」燕子分享了他的看法，「這樣人的吉凶禍福仍然有可能來自祂們的授予，而我們所能做的就是不冒犯祂們的自體存在。」

燕子此次話中的邏輯顯然不太足夠，但大夥多少都能會意，也就不挑剔而予以包容了。倒是哲學先生所指出的那一權益糾葛發生在兩界互動中，緊接著湧現相關的靈擾或靈害，這就不比尋常而得額外看待了。

由於前往靈媒所在宮廟問事的人四處可見，使得進一層的哲思要被期待完成。換句話說，眾靈的存在已是必要相信的事實，而對方來去自如所能對現實中人的干預或制約，那就得有深入的覺察而沒法消除彼此的隔閡及其有意無意的犯禁，兩界才有可能平衡和諧化，個別人的安全、尊嚴和事業欲力等方有保障。

「對了，」螺仔有話要說，「有些人把靈療當飯吃，動不動就去請神幫他除去業障或病痛，而忘了他今世還在對不起他人或佔人便宜。這樣縱使解脫了前罪也難免要再新增後罪，一路走去不深陷惡性循環的苦果中也不可得了。」

螺仔一席話打動不少人的心，原先嘴角還有點笑意的都強行收斂且噤聲了，看得哲學先生反倒要代他們解嘲一番。

「靈病不見得如大家所想像的那樣，」哲學先生述說道，「它也可能是設局誆騙而自成一權力操控的局面，不可盡信！」

「最好也不要輕易嘗試靈療，」牛心道出了他長期觀察的心得，「我家族就有人被套牢，失去自主性，如今還在困頓求生中。」

「報紙不就常報導神棍騙財騙色，」二毛也壯起了膽說話，「那種哪叫靈療，簡直是金光黨加黑手黨的行徑，准會讓你一身光溜兼屍骨無存！」

大夥轉頭望著山豬，臉上透露著一副「將來不保證你不會成為靈媒可要給個交代」的殷盼表情。他會意了，嚴正的說道：「我說過不接祂們的徵召，萬一不得已而屈就了，也要跟祂們約法三章，凡是不合道德哲學規格的要求一概不准！」

好樣的山豬！我搶先一步下了這個斷語，筆記簿沒得發揮，只好自我承諾：「我會給你一頁完整的療癒事件簿！」

68. 自己是最佳的諮商師

大夥還沈浸在靈療痊不痊癒的思辨氣氛中，又有新的挑戰來臨了：學校園遊會正在安排設攤活動，我們班一直搞不定要販賣什麼東西。

「有了，」四喜靈機一動代大家說出了構想，「我們可以販賣哲學。」

這雖然不是頂好的主意，但推出一試也無異帶有點新潮味道，所以大家就這樣決定了：攤名取作「哲學諮商2+1」，先指派胖子、冬瓜和牛心三人坐鎮。

到了園遊會的日子，別人看到我們攤位除了一張大氣派的看板外就不再有別的陳列品，都在那邊竊竊私語。

黑面走過去偷聽了一回，知道他們對於「2+1」那句話頗有意見，就反問他們：

「有哪裏不對勁嗎？」

「2+1就是3，」當中一位說，「為什麼不直接說成『3』或『1+1+1』呢！」

「你唸唸看，」黑面不動聲色的答道，「『哲學諮商3』、『哲學諮商1+1+1』，這像話嗎？你要不要花點錢，讓我們教你怎麼思辨……」

那些人回頭瞧見桌上立牌有一行字「以數量計價，一個問題一〇元」，彷彿遇到餓鬼索討般的拔腿就跑，令人好氣又好笑！

等了許久，都沒有人上門。胖子他們以為是自己不大上相，缺乏吸引力，於是改推薦小魚、阿海和小玲三人上陣。但經過攤位的人依舊只作觀看，並無意消費，很叫人氣餒。直到有一道高分貝的喊聲從背後響起，才振奮了大家的精神：

「有啦，以前那幾個想買哲學的男生來了！」

他們一共六個人，各自將一〇元投入錢箱後，在阿海他們面前一排座位坐了下來。

「請問你想知道什麼？」小魚問第一位。

「沒有，」對方回答，「我只想看你們。」

「好，你就坐著慢慢看。」

輪到阿海問第二位：

「你也是來看我們的嗎？」

「不是，」對方答道，「我想被你們看。」

「嗯，你坐好讓我們看個仔細。」

換小玲問第三位：

「你有什麼困擾？」

「我……我不知道哲學是什麼！」對方囁嚅的答著。

「我也不大清楚，你下次再來問吧！」

另外三個人,他們都表示問題已有答案,不必再勞煩我們。

「不，」小魚仍然勉強他們出題，「你們不說，我們會把錢退還。」

「說，說，」當中一位要代為作答，「你們好有創意哦，以後有機會我們想設哲學諮商第二攤！」

好傢伙，居然偷學我們的臺詞！這下子大夥沒戲唱了，只好草草收攤。

回來一結算，今天就收到那六〇元，而租金二〇〇元，還欠著一四〇元。

「哎喲！」大夥齊聲哀嘆後一起歪倒在椅子上。

哲學先生從頭到尾只在一旁觀看，最後發現這反諷式的畫面，才忍不住講了一句話：

「哲學諮商這種高檔漫長的工作不是別人所能代勞，你們應該都體驗到了。」

聽到這裏，我的筆記簿興奮的自行註記起來：「就說嘛，自己才是最佳的諮商師！」我沒有意見。

69.生命沒有消逝

哲學諮商在相當程度上根源於有死亡恐懼，而既然自己是最佳的諮商師，那培養足夠的本事以便在自我恐懼死亡時發揮功能，也就成了一項迫切的要務。這當是哲學先生提點我們的用心所在，也是連日來一大串的遭遇所給我們的啟示。

「談到死亡恐懼，」哲學先生定定的說著，「其實也只是一念轉折。倘若你了解並沒有死亡這回事，那相關的恐懼自然就無由產生。」

哲學先生這一說法，來自靈體不死的觀念。他認為一般的臨終所脫卸的肉身，只不過像離開寄住的房子，人仍然是那個有意識的個體，照理不會覺得自己不存在了。

「我看過一本翻譯書，」捲毛接續著話題說，「那些死去的人對於自己被稱為鬼很不滿，而透過靈媒要求在世的親人一樣視祂們還是個人。」

「這麼說來，」螺仔呼應道，「現實中流行的靈療，就是無知徒勞的舉動。」

「既是不會死亡，還靈療做什麼！」二毛附和了一句。

討論到此地，大家不禁又將興致轉向山豬，想明瞭他對自己未來可能從事的工作有何觀感。

「我看靈媒一角你也不必當了，」膨風大刺刺的潑他冷水，「反正人也死不了，那些外靈儘管在肉身上動歪腦筋，終究是白忙一場，而你靈媒又跟著湊熱鬧幹什麼！」

「搞不好還會惹來一堆騷味，」瘦猴加他一桶冰塊，「自己沒得到什麼好處，卻要不斷被借體而造成隱疾纏身！」

類似的諍言紛紛出籠，山豬都笑笑的接納，只在最後略為回應道：

「憑哲學這道菜，諒必祂們想偷吃也沒那麼容易！」

這話說的有點含糊，不確定山豬是否已經下了決心，但看他堅定的眼神，我們猜想靈媒這條路從此就要離他遠去了。

哲學先生似乎很滿意大家的見解，幾度頷首兼豎拇指。而眼見教室內沒再出現雜音，他以為死亡這個課題的討論就要告一段落了，不意此刻卻有一股聲響橫空劈出，打亂了他的思緒。那股聲響，分別發自大姊大、阿西和小金的座位：

「但人有病痛又怎麼說？」

「所寄存的肉身既是不確定趨向，靈體還要選它做什麼！」

「我也想不透計算人壽命的後面究竟是哪種情況！」

這又是個大哉問，讓哲學先生從新皺起了眉頭。他大概在想這些問題已非哲學所能解決，於是改說了一段有點切題卻又不大切題的話：

「人畢竟所知有限，關於靈病或生理病的來由、有否天命的存在，以及壽夭窮達的背後機制如何等，顯然是難以去窮究探尋了。」

「那我們是否就聽任那無形操控力的擺布？」牛心不甘心的問道。

「不然，」哲學先生答著，「只要啟動哲思，就會有替代方案出現，我們還是可以別為燃起一絲希望。」

我的筆記簿說它也悟出了半個道理：「既然生命沒有消逝，又何必現在就急著想知道那些答案？」我回它：「你本就沒有肉身，當然不會焦慮！」

70. 死亡在時間中重生

靈體存在已是個謎，再加上肉身迭遭的凌轢困阨，這樣人的「在世形象」竟會困擾了我們許久！

「哲學人沒有苦惱的權利，」哲學先生安慰我們說，「大家還是要窮盡一切可能想出因應的對策。」

「問題是都考慮遍了，」冬瓜埋怨著，「誰有超人的本事找來答案！」

「腦袋只有一顆，」牛心也在訴苦，「擠不出多餘的汁就是擠不出。」

哲學先生掀著嘴唇本要說點什麼，卻有胖子一骨碌跑出來搶話題：

「安穩的行所當行就好，此外大可不必杞人憂天。」

杞人憂天是古書《列子》上的故事，說杞國有人擔心天崩地墜，身無所寄，以至連吃飯睡覺都省去，只等著死亡降臨；直到別人曉諭他，才轉悲為喜而恢復正常。胖子的類比取義，跟現在的話題有點距離，而引起了一些人反彈。

「你可以安步當車，」螺仔說，「我們還在等著別人來載！」

「最好你一直都這麼樂天知命，」黑面說，「不然到了你面臨挫折的時候就會哭爹喊娘！」

「真有那麼一天山豬也救不了你，」二毛說，「因為他決定不當乩童了！」

大家不停地挖苦，把該給胖子辯解的時間都佔去了，迫使他起身準備往外走去。

「你想幹什麼？」有人問。

「裏頭很燠熱，」胖子答，「我到外面吹涼風！」

哲學先生比手勢示意他回座，並且將兩造的意見作了一點分疏：

「對於既存的事實無可如何，默認它或忍著它而不積極作為，這也沒有可苛責的地方；但如果想要有點突破，向前看似乎是個不二選擇。」

哲學先生的意思是，病痛起因、轉世緣由和命限境限等已發生或正在發生的事，既然難可回溯參透，不妨就暫時擱著，而轉為思考怎樣不斷重生的課題。這個課題，所對應的是眾人最無以釋懷的死亡。

「死亡要在時間中重生，」哲學先生說道，「這不是奢望連著肉身一起復活，而是精神上得認定自我必然有可憑藉而不間歇地生存下去。」

「這是不是說沒有超凡的成就，即使肉身還在也是死亡！」

阿西猜著了哲學先生的心思。

「還有回到靈界仍然無可稱述，也不算是活著！」四喜額外加了兩碼。

連結這前後的說辭，宛如有個重生的公式自動浮出了檯面：不論有沒有肉身，精神上富足及其發為才藝表現是活著的終極保障；而重生乃為時間流中不同階段的命題表述，質地不變。

「這可好啦，」大姊大慵懶的說了一句，「大家繼續活下去吧，別辜負了這了不起的重生議題！」

我的筆記簿咕噥了一聲：「這不是我要總結的嗎，她怎麼可以搶去說？」我不解地睨著它：「你算老幾，還她、我呢！」

71. 不是終結

小魚和小玲二人，只要有空就相約去教室周邊遊逛，累了便一起坐在花圃旁，看看雲，望望飛鳥，卻不發一語。大家都懷疑她們是不是突然失智，或者遭受什麼重大打擊。

「不是，」大姊大駁了眾人的看法，「她們是在等待重生。」

「還活著，哪要重生！」四喜也駁了大姊大的看法。

「精神上的重生。」大姊大補充說。

「那是要去開創，」四喜更不滿了，「怎能等待！」

「等待比較省事。」大姊大回道。

哦，傳聞中有個教派曾集體密會等上帝派飛船來迎接他們的故事，難道就要連類重演了嗎？這可是個大新聞。熟悉內情的人，也三三兩兩的仿效著走進校園的角落，而引來隔壁班好事者的側目。他們都以看待遊魂的方式在旁邊講風涼話：

「原來學哲學的人都會像這樣喪失自主意識！」

「幸好當初我們沒編入那一班！」

「有什麼辦法可以拯救他們脫離苦海？」

這件事被哲學先生知道了，他靜待大夥的心神稍微凝定，娓娓道出一個類似的啟靈案例：

「倏地發生精神上重生的情況，其實已有不少文學家、藝術家和科學家見證過，所以等待的對策基本上也無可厚非。」

哲學先生先舉化學家凱庫勒領悟六角造形的苯結構、數學家卡登完成鉅著《論細微之物》、小說家梅爾創作《暮光之城》系列、詩人柯勒律治寫出《忽必烈》長詩和鋼琴家麥卡尼彈奏《昨日》名曲等都得自夢感為例，說明那高明的外靈給予啟發一事確有可能。尤其是大物理學家愛因斯坦和大音樂家塔爾蒂尼也曾不諱言他們有感靈的經驗最不尋常。

當中愛因斯坦因有那一實際受惠，所以他才會說「我們能夠經歷的最美好事物都是神秘的，神秘是一切藝術和科學的來源」；而塔爾蒂尼則自述了一段奇遇：那時他常困折於完成一首奏鳴曲，有一天晚上夢見海灘上有支瓶子，裏面有個魔鬼懇求放他出來，雙方約定魔鬼要幫他完成那首曲子，事後他醒覺，立刻儘可能的回想而抄下寫出《魔鬼奏鳴曲》，這是他最受人稱頌的樂曲，但他仍感嘆的說「這首曲子是我寫過最好的，但跟夢中的曲調比起來還是差太多了。」

哲學先生敘述完畢，望著底下我們這羣被震懾得一愣一愣的小蘿蔔頭，無限憐惜的說了一句：

「人家都已是有成就的名家，才被加碼啟靈，而你們……」

他本想說「你們八字都還沒一撇，就想精神上重生」，但為了顧及我們的顏面，而將話吞了回去。大夥自然也明白哲學先生的意思，頃刻間洩氣不已，個個無不羞愧斂容起來，絲毫也不敢再自大的昂首一次。

我的筆記簿感染了上述氣氛，自度似的說道：「在哲學上這還不是終結！」這次我服了它。

72. 我們在哲學裏復活

「確實不是終結，」哲學先生看過我的筆記簿後對大家說，「在哲學領域還沒聽說有誰被啟靈過，所以你們想要重生還有機會……」

哲學先生一邊說一邊露出淺淺的微笑。我們猜那反話只是為了激勵，並非純粹在調侃，所以有人等不及也跟著刻意唱起同音曲子：

「是啊，大家繼續遊蕩，總有一天會遇到哲學家外靈來恩賜！」

「屆時就會多出新一代孔子、蘇格拉底和釋迦牟尼！」

「不然也有不曾有過的少量哲學觀念被電擊出來，靈界應該會知道必須協力辦妥這件事。」

後面這項說法雖然逸出了軌道，卻很有自我鼓舞的作用。畢竟我們都這麼努力在學習，那些大哲學家外靈理當要有一點同情心，分享他們的哲學創思，而一起匯合起來灌注在我們的腦海，期待有一天生出奇花異果。

「幻想很美妙，」哲學先生摸透了我們的心思，「希望你們都能做好這個準備，一旦時機來臨才不致忘了去接收。」

這總提一句是「我們在哲學裏復活」，代價則為大家精神上已經死過一次，不能再蹉跎延續該亡故。

「不過，」胖子好像覷見了破綻，「哲學這麼纏繞，我們被電擊卻通不了電，怎麼辦？」

「電流過不去，」牛心評估會佔到優勢，「那表示有短路，等你把它接好了，就能暢行無阻。」

「就像我們這樣，」二毛也沾上了邊，「哲學先生所給的修補策略已足夠應付那突來的考驗，胖子你別在那邊杞人憂天了。」

二毛將胖子用過的成語反拋回去，笑煞了一羣人，差點集體站起來為他歡呼。哲學先生這時也透著比先前燦爛的笑容，另外講起鼓勵我們的話：

「原則上哲學是無從啟靈的，它以深奧曲折著稱，哲學家活著時都常困惑莫名，怎可能死後有能耐瞬間幫你開竅，所以還是依賴自己努力比較實在。」

「如果啟靈者是有哲學專業的自然靈？」阿西找到了縫隙追問道。

「一樣吧，」哲學先生回著，「這跟是神靈或鬼靈或物靈無關，重點在哲學的理路無法一通到底，誰來述說都得經歷思慮千折百回的折騰，不大可能點你一下你的燈泡就亮了！」

哲學先生這最末的比喻傳神，大夥都會意而放鬆了心情，從新又興起「我們要靠自己在哲學裏復活」的雄心壯志。

我對筆記簿說你也別再逞能講些什麼話了，因為關於這件事你是辯不過哲學先生的。

73. 期末大盤整

哲學不可能被啟靈，我們想在哲學裏復活就得自己努力，這是最終的結論，接下來則有期末大盤整。

哲學先生已經預告了，等第二次定期測驗結束，就要把以前某些不克盡意的話題帶出來補強一遍。

今天哲學先生將同學有過的「哲學是誰發明的」疑點作了解釋。他說哲學一詞源自古希臘，原意是「愛智」，但有關愛智的內容在它風行世界各地的過程中始終不曾確定；倘若從諸多實例來看，那我們課堂上所演示的理論建構和後設思辨，就都被踐履過。特別是後設思辨部分，早已成了它最鮮明的標誌，從尋繹形上原理到知識條件和邏輯規律以及無盡深化學科等，至今還沒有一種說法能夠超越它的規模。我們懂了，整個學期全花費時間在這上面，沒人有意見。

哲學先生再來把一度擱置的文學反邏輯問題從新提起。他坦承只能研判文學為了創新世界而營造美感，著眼點勢必改成連結不同範疇的事物來彰顯異彩；至於所摻雜的某些超現實或魔幻性成分，這就礙難理尋，而不妨歸給那可能的靈心妙契，正如宗教的神聖感始終存在於有冥思經驗的人身上那樣，旁觀者欣賞就好而不必強作解人。這一部分，其他人也許不會質疑，但我就有話要說了。

「它還是可以用非線性邏輯或跳躍式邏輯來指稱，」我辯解著，「文學語言不但藉它來製造新奇，也依賴它去撐起一個美感王國。倒是哲學的線性邏輯或非跳躍式邏輯常要利用分析它的機會，而僭越性的宣稱自己完成了『文學哲學』一劇的演出，事實上彼此仍有審美感受的距離，哲學不能那麼快就想把文學吞掉！」

「筆記簿先生說的是，」哲學先生調整了他一些講法，「我們有需要將可以理尋和不能理尋的分開，讓文學保有它純粹的美感……」

「以免被褻瀆，」胖子跳出來接走哲學先生的話說，「文學可以把哲學晾在一邊獨自發展．像現代的前衛派、後現代的超前衛派和網路時代的超超前衛派等，都會讓哲學人窮於應對，所以還是多敬重它一點比較好。」

胖子的話也夠明白了，但仍有少許併集著批判的聲音沈沈的發作出來。他們分別流露自燕子和田雞的嘴邊：

「哲學先生原先說的跟你們的意思是一樣的。」

「他後面的認同也不過是在增強你們的信心。」

對噢，是我誤解了哲學先生，真該拖出去打五十大板。筆記簿回道：「我同意！」

74. 哲學先生任期終了

學期到了尾聲，我們並沒有像往常那樣，懷著興奮的心情準備迎接寒假的到來，因為哲學先生要離開學校了，大家正沈浸在一片哀傷的氛圍中。

「我的任期到了，」哲學先生低嗄的說道，「一張代課聘書使我不能再哲學了。不是我毀棄承諾，而是我沒得繼續承諾！」

哲學先生的話呼應了學期初他所說的「哪一天不再哲學了就會走路」，我們也都知道這一刻終究會屆臨，但沒料到來得這麼快。

窗外那棵菩提樹枝葉還是那麼茂密，仍兀自瑟瑟地隨風搖曳著。它已經陪我們典藏了一個學期的記憶，眼看就要被從新攤開來檢視。這首先，大夥的目光就集中在阿西一人身上。

「大家別看我，」阿西自動擔起了第一個回應人，「當初我不清楚會發生什麼事，才急著反問哲學先生『什麼記憶』，現在知道了我們的腦海已被哲學充滿，並且還新鮮得想忘也忘不了。」

「我的問題最多，」四喜也坦承道，「被哲學先生醍醐灌頂了好幾次，總算沒有白費，如今好像脫胎換骨過了一樣。」

緊接著是胖子、牛心、九孔、冬瓜幾個人的真情告白：

「哲學讓我跌跤，也讓我成長。」

「我愛挑別人毛病，只駭怕自己也無意中患了毛病。」

「跟大家打成一片的感覺很過癮。」

「如果能重來，我還是會十分樂意。」

他們說著，有些不精準的用詞，都被愉悅的氣氛掩蓋過去，沒有人會想追究「無意中」到底有多無意、「打成一片」是為哪樁、「樂意重來」涵蓋幾分實情。而在另一邊，大夥也聽到了某些前拒後迎哲學的人交心話：

「我不再強烈討厭哲學了。」大姊大真誠的說道。

「哲學驅魔這件事我可以勉強見證了。」小魚也堅定的說道。

「現在到教會我都想帶著哲學去溫習。」小玲更深情的說道。

「我一直沒有說不喜歡哲學。」

最後一句是瘦猴摻雜的話，本來用意不錯，但一連結到他平時的表現，卻意外的引發不少對反意見：

「你沒有說過不喜歡，只是偶爾會逃避！」

「還有亂用邏輯觀念！」

「哲學先生撞邪的事也是你說的！」

後面這項說法，讓哲學先生豎起了耳朵，急切的問道：

「我什麼時候撞邪了？」

「沒有啦，」大夥代為辯解道，「瘦猴亂猜的！」

即將互道離別的情緒進展到這裏，都快變成在享受一場嘉年華歡宴，這叫我的筆記簿寫下什麼才好？「空白最好！」一個聲音在我的耳邊響起。

75. 道別離

「我不能陪你們參加畢業典禮了，」哲學先生眼眶泛紅的說，「你們原級任老師下學期就會銷病假返校，你們可別用哲學為難他。」

哲學先生這一勸戒，已經在跟學校幾次衝撞經驗中發揮過相當程度的效力，所以我們也都了然於胸，此刻只像一羣嗷嗷待哺的雛雁巴望著他呼喊道：

「我們會懷抱哲學等著跟你重逢！」

哲學先生抿嘴點頭表示歡迎。

最後一堂課，哲學先生說「送佛要送到西天」，於是決定將學期初所許下的諾言兌現一遍：

「你們現在已經能夠活用腦力，把哲學無所不包的命題推演及歸結或不斷向後思辨的特性善加推衍，點點滴滴的成果想必都進駐了你們記憶的一角。而整個過程也不乏風采且光艷照人，讓你們享盡了有如受到飛鳥和蝴蝶縈繞的快感，這些都見證了我的話……」

「所以說大家全了無遺憾，」四喜善意的搶走話題，「這樣我們也就不必哭哭啼啼的道別離了！」

「誰跟你哭哭啼啼的！」胖子一邊說一邊噙眼淚。

「你不就在掉眼淚！」冬瓜也忍不住哭出聲。

離別愁緒渲染開來，大家的淚水都潰堤了。有人哭到抽噎個不停，一度惹來別班的圍觀，以為這裏發生了什麼驚天動地的大事。

哲學先生步下講臺，一一輕拍過每個人的肩膀。但他的安撫反激起大夥哭得更大聲，久久才緩和下來。

我們將早就準備好的一本自製紀念冊送給哲學先生。那裏面有我們的團體照和個人生活照，以及大家想對哲學先生說的話。

哲學先生對著封面斗大的標題《叫我們哲學第一班——獻給我們敬愛的哲學先生》端詳了許久，然後翻開內頁欣賞著蜈蚣添加的插圖和眾人的留言。

「很好，」哲學先生說，「你們都期待有下一次哲學的盛會，我在流浪的旅途中一定不會忘記。但話說回來，只要心中有哲學，就無處不相逢，未必要實地見面了才算數。」

這席話，我們聽著受用了，紛紛收起眼淚，重展歡顏跟哲學先生道別。

臨去前，哲學先生走過來，單獨對我說：

「我知道你以後要用那本筆記簿的資料寫小說，不可能送給我。只是我仍然覺得不可思議，那裏面有一些超經驗的事物是怎麼發生的！」

「沒關係，」我答道，「哲學家想不通的事，文學家可以代勞。」

哲學先生會意的朗笑了。我望著他離去的背影，突然感覺那身形無比的碩大。

附錄：作者著作一覽表

一、論著

1.《詩話摘句批評研究》，臺北：文史哲，1993。
2.《秩序的探索——當代文學論述的省察》，臺北：東大，1994。
3.《文學圖繪》，臺北：東大，1996。
4.《臺灣當代文學理論》，臺北：揚智，1996。
5.《佛學新視野》，臺北：東大，1997。
6.《臺灣文學與「臺灣文學」》，臺北：生智，1997。
7.《語言文化學》，臺北：生智，1997。
8.《兒童文學新論》，臺北：生智，1998。
9.《新時代的宗教》，臺北：揚智，1999。
10.《佛教與文學的系譜》，臺北：里仁，1999。
11.《思維與寫作》，臺北：五南，1999。
12.《中國符號學》，臺北：揚智，2000。
13.《文苑馳走》，臺北：文史哲，2000。

14.《作文指導》，臺北：五南，2001。
15.《後宗教學》，臺北：五南，2001。
16.《故事學》，臺北：五南，2002。
17.《死亡學》，臺北：五南，2002。
18.《閱讀社會學》，臺北：揚智，2003。
19.《文學理論》，臺北：五南，2004。
20.《語文研究法》，臺北：洪葉，2004。
21.《創造性寫作教學》，臺北：萬卷樓，2004。
22.《後佛學》，臺北：里仁，2004。
23.《後臺灣文學》，臺北：秀威，2004。
24.《身體權力學》，臺北：弘智，2005。
25.《靈異學》，臺北：洪葉，2006。
26.《語用符號學》，臺北：唐山，2006。
27.《紅樓搖夢》，臺北：里仁，2007。
28.《語文教學方法》，臺北：里仁，2007。
29.《走訪哲學後花園》，臺北：三民，2007。
30.《佛教的文化事業——佛光山個案探討》，臺北：秀威，2007。

31.《轉傳統為開新——另眼看待漢文化》，臺北：秀威，2008。
32.《從通識教育到語文教育》，臺北：秀威，2008。
33.《文學詮釋學》，臺北：里仁，2009。
34.《反全球化的新語境》，臺北：秀威，2010。
35.《文學概論》，臺北：揚智，2011。
36.《語文符號學》，上海：東方，2011。
37.《生態災難與靈療》，臺北：五南，2011。
38.《華語文教學方法論》，臺北：新學林，2011。
39.《文化治療》，臺北：五南，2012。
40.《華語文文化教學》，臺北：揚智，2012。
41.《文學經理學》，臺北：五南，2016。
42.《文學動起來——一個應時文創的新藍圖》，臺北：秀威，2017。
43.《解脫的智慧》，臺北：華志，2017。
44.《走出新詩銅像國》，臺北：華志，2019。
45.《與君子有約：在全球化風險中找出路》，臺北：華志，2020。

46.《靈異語言知多少》，臺北：華志，2020。
47.《新說紅樓夢》，臺北：華志，2020。
48.《《莊子》一次看透》，臺北：華志，2020。

二、詩集

1.《蕪情》，臺北：詩之華，1998。
2.《七行詩》，臺北：文史哲，2001。
3.《未來世界》，臺北：文史哲，2002。
4.《我沒有話要說——給成人看的童詩》，臺北：秀威，2007。
5.《又有詩》，臺北：秀威，2007。
6.《又見東北季風》，臺北：秀威，2007。
7.《剪出一段旅程》，臺北：秀威，2008。
8.《新福爾摩沙組詩》，臺北：秀威，2009。
9.《銀色小調》，臺北：秀威，2010。
10.《飛越抒情帶》，臺北：秀威，2011。
11.《游牧路線——東海岸愛戀赤字的旅行》，臺北：秀威，2012。

12.《意象跟你去遨遊》，臺北：秀威，2012。

13.《流動偵測站——列車上的吟詩旅人》，臺北：秀威，2016。

14.《詩後三千年》，臺北：秀威，2017。

15.《重組東海岸》，臺北：秀威，2018。

三、散文集

1.《追夜》（附錄小說），臺北：文史哲，1999。

2.《酷品味：許一個有深度的哲學化人生》，臺北：華志，2018。

四、小說集

1.《瀰來瀰去——跨域觀念小小說》，臺北：華志，2019。

2.《叫我們哲學第一班》，臺北：華志，2021。

五、傳記

1.《走上學術這條不歸路》，新北：生智，2016。

六、雜文集

1.《微雕人文——歷世與渡化未來的旅程》，臺北：秀威，2013。

七、編撰

1.《幽夢影導讀》，臺北：金楓，1990。

2.《舌頭上的蓮花與劍——全方位經營大志典：言辭卷》，臺北：大人物，1994。

八、合著

1.《中國文學與美學》（與余崇生、高秋鳳、陳弘治、張素貞、黃瑞枝、楊振良、蔡宗陽、劉明宗、鍾屏蘭等合著），臺北：五南，2000。

2.《臺灣文學》（與林文寶、林素玟、林淑貞、張堂錡、陳信元等合著），臺北：萬卷樓，2001。

3.《閱讀文學經典》（與王萬象、董恕明等合著），臺北：五南，2004。

4.《新詩寫作》（與王萬象、許文獻、簡齊儒、董恕明、須文蔚等合著），臺北：秀威，2009。

國家圖書館出版品預行編目資料

叫我們哲學第一班 / 周慶華著. -- 初版. -- 臺北市 : 華志文化事業有限公司, 2021.02
面 ; 公分. -- (觀念小說 ; 2)
ISBN 978-986-99646-6-1(平裝)

1. 哲學 2. 通俗作品

華志文化事業有限公司
系列／觀念小說02
書名／叫我們哲學第一班

作者　周慶華
執行編輯　楊雅婷
美術編輯　簡煜哲
封面設計　王志強
文字校對　陳欣欣
企劃執行　康敏才
總編輯　黃志中
社長　楊凱翔
出版者　華志文化事業有限公司
電子信箱　huachihbook@yahoo.com.tw
地址　116台北市文山區興隆路四段九十六巷三弄六號四樓
電話　0937075060

總經銷商　旭昇圖書有限公司
地址　235新北市中和區中山路二段三五二號二樓
電話　02-22451480
傳真　02-22451479
郵政劃撥　戶名：旭昇圖書有限公司（帳號：12935041）
書號　G302
出版日期　西元二〇二一年二月初版第一刷

PRINT IN TAIWAN

華志文化